intercodes
ENGLISH EDITION

---

méthode de FRANÇAIS
1
LIVRE DE TEXTES ET D'EXERCICES

Annie Monnerie
agrégée de lettres modernes,
professeur au Centre international d'études pédagogiques (Sèvres)

annexes et précis grammatical :
Monique Callamand
Maître assistant à l'université de Paris III Sorbonne nouvelle.

consultante :
Kathryn Talarico, Ph. D.
New York University

dessins de Maurice Rosy

LIBRAIRIE LAROUSSE

17, RUE DU MONTPARNASSE, 75298 PARIS CEDEX 06
572, FITH AVENUE, NEW YORK N.Y. 10036

ISBN 2-03-800260-6

FOREWORD

Here is the *English edition* of *Intercodes,* as adapted from the *Intercodes* course to the specific needs of English-speaking students.

Additional synthetic grammatical notes, with their corresponding exercises for both training and revision (the "annexes"), have been worked out after several years of thorough usage in the English-speaking world.

Intercodes "English edition" 1 is made up of 10 dossiers, each dossier comprising:
— 4 units of texts,
— 4 units of exercises,
— annexes (dossier 1 being an exception because its linguistic material does not lend itself to additional exercises).

● The texts
The texts are centered upon aspects of everyday life in France and give direct access to the written language, rapidly providing considerable possibilities for expression.

● The exercises
Short conversations, advertisements, statistics, studies and surveys, documents of all kinds provide contextual support for exercises that bear upon grammatical, lexical or thematic elements appearing in the texts.

The exercises are usually presented in two columns: the left-hand column contains the information material that the student will use to help him carry out the instructions given in the column on the right.

The asterisk indicates words that have not previously appeared in the texts and should consequently be considered as new.

● The annexes
They offer written exercises designed to consolidate what has been learned and lead the student progressively to think about how the language works. They are divided into grammar, syntax and vocabulary annexes with revision exercises for each dossier.

At the end of the book, a "lexique" lists the new words, dossier by dossier, putting each word into a sentence by way of example. An index makes it possible to trace any word to the dossier and the unit where it first appeared. A reference grammar gives then in English a synthesis of the different points of grammar covered in the book. It is intended for revision purposes when the course has been completed but it also offers an initiation to linguistic description.

SOMMAIRE

1. LES PERSONNAGES

CARTE NATIONALE D'IDENTITÉ

Nom: AUBRY

Prénom: Hélène

Adresse:
13, rue de Belleville
PARIS 20ᵉ

Profession: étudiante

Qui est-ce? C'est Hélène Aubry.

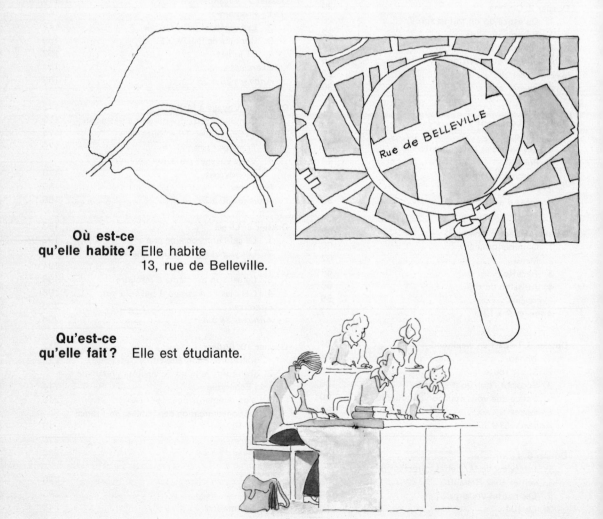

Où est-ce qu'elle habite? Elle habite 13, rue de Belleville.

Qu'est-ce qu'elle fait? Elle est étudiante.

Philippe

CARTE NATIONALE D'IDENTITÉ
Nom: AUBRY
Prénom: Philippe
Adresse:
13, rue de Belleville
PARIS 20ᵉ
Profession: journaliste

Qui est-ce ?   C'est Philippe Aubry.

Monsieur et Madame AUBRY

13, rue de Belleville, PARIS

**Où est-ce
qu'il habite ?**   Il habite
13, rue de
Belleville.

**Qu'est-ce
qu'il fait ?**   Il est journaliste.

Philippe et Hélène
habitent à Paris
dans un immeuble,
rue de Belleville.

Philippe a vingt-neuf ans.
Il travaille rue Blanqui.

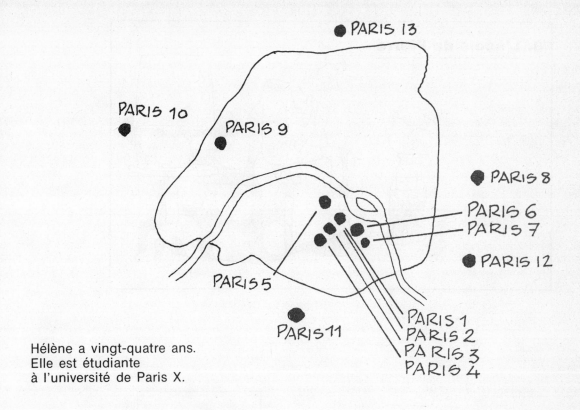

PARIS 13

PARIS 10

PARIS 9

PARIS 8

PARIS 6
PARIS 7

PARIS 5

PARIS 12

PARIS 11

PARIS 1
PARIS 2
PARIS 3
PARIS 4

Hélène a vingt-quatre ans.
Elle est étudiante
à l'université de Paris X.

ÉCOLE

Ils ont un enfant.
Il s'appelle Pierre.
Pierre a quatre ans.
Il va à l'école.

3. L'école de Pierre

Philippe Qu'est-ce que tu fais,
à l'école?
Pierre Je chante, je dessine.

Philippe Qu'est-ce que tu dessines?
Pierre Des voitures, des pommes...

Philippe Et ça, qu'est-ce que c'est ?
Pierre Ça, c'est un chien.

Philippe Tu joues aussi à l'école ?
Pierre Oui. Il y a des ballons,
il y a aussi des trains.

Philippe Tu joues avec qui ?
Pierre Avec Évelyne.
Philippe Qui est-ce, Évelyne ?
Pierre C'est une amie.
Philippe Tu aimes bien l'école ?
Pierre Oh oui ! J'aime bien ça.

11

4. Emploi du temps

LUNDI	MARDI	MERCREDI	JEUDI	VENDREDI	SAMEDI
FRANC		GRAM	✗	GREC	L.G.V
"	L.G.V	"	✗	LAT	"
LAT	"	"	✗	"	
GREC	GRAM	L.G.V	✗	GRAM	

Philippe C'est jeudi, aujourd'hui.
Tu ne travailles pas.
Qu'est-ce que tu fais ?

Hélène Je porte des livres
à la bibliothèque.

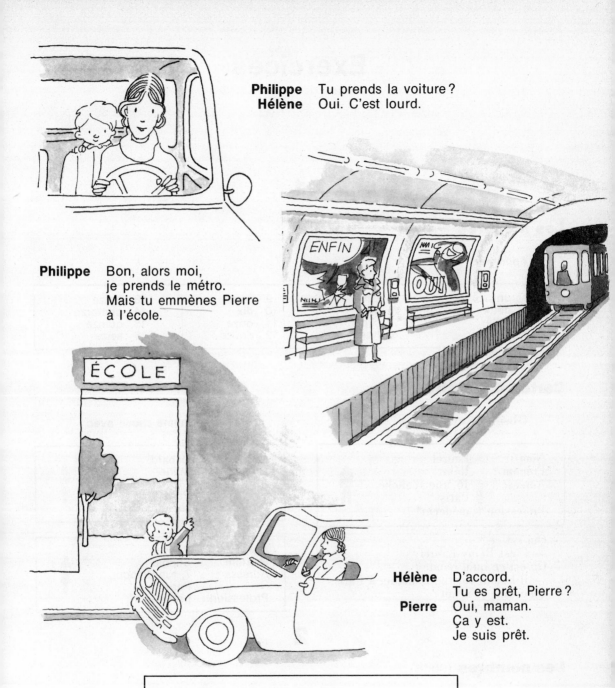

Philippe   Tu prends la voiture ?
Hélène   Oui. C'est lourd.

Philippe   Bon, alors moi,
je prends le métro.
Mais tu emmènes Pierre
à l'école.

Hélène   D'accord.
Tu es prêt, Pierre ?
Pierre   Oui, maman.
Ça y est.
Je suis prêt.

Grammaire

Pronoms personnels   *elle, il, ils, tu, je, …*
Articles indéfinis   *un, des, une, …*
Articles définis   *l', la, le, …*

Exercices

1

Les nombres

Apprenez

1	un	5	cinq	9	neuf	13	treize
2	deux	6	six	10	dix	14	quatorze
3	trois	7	sept	11	onze	15	quinze
4	quatre	8	huit	12	douze	16	seize

Cartes d'identité

Observez et répétez

Nom :	Laurel
Prénom :	Rémy
Adresse :	16, rue Blanche, Paris
Profession :	médecin*

— Qui est-ce ?
  — C'est Rémy Laurel
— Où est-ce qu'il habite ?
  — Il habite 16, rue Blanche, à Paris.
— Qu'est-ce qu'il fait ?
  — Il est médecin.

Faites la même chose avec

Nom :	Debard
Prénom :	Marie
Adresse :	11, rue Nationale, Paris
Profession :	secrétaire*

Nom :	Brisson
Prénom :	Sophie
Adresse :	7, rue Blanqui, Paris
Profession :	professeur*

2

Les nombres (suite)

Apprenez

17	dix-sept	21	vingt et un	25	vingt-cinq	29	vingt-neuf
18	dix-huit	22	vingt-deux	26	vingt-six	30	trente
19	dix-neuf	23	vingt-trois	27	vingt-sept		
20	vingt	24	vingt-quatre	28	vingt-huit		

habiter, ils, elles

Observez et répétez

— Où est-ce qu'ils habitent ?
— Ils habitent à Paris,
    11, rue de Belleville.

— Où est-ce qu'elles habitent ?
— Elles habitent à Paris,
    11, rue de Belleville.

— Où est-ce qu'ils habitent ?
— Ils habitent à Paris,
    11, rue de Belleville.

Faites la même chose avec

| Paris, 21 rue Blanche |
| Marseille, 24 rue Nationale |
| Sèvres, 27 Grande-Rue |

travailler

Observez et répétez

— Où est-ce qu'il travaille ?
— Il travaille à Paris.

— Où est-ce qu'elle travaille ?
— Elle travaille à Paris.

— Où est-ce qu'ils travaillent ?
— Ils travaillent à Paris.

Faites la même chose avec

| Lyon |
| Toulouse |
| Lille |

avoir (combien* de... ?)

Observez et répétez

— Il a combien d'enfants ?
— Il a un enfant.

— Ils ont combien d'enfants ?
— Ils ont un enfant.

Faites la même chose avec

? →

? →

aller

Observez et répétez

— Où est-ce qu'il va ?
— Il va à Toulouse.

Faites la même chose avec

| Lyon → |

15

— Où est-ce qu'elle va ?
  — Elle va à l'université.

rue Blanqui →

— Où est-ce qu'ils vont ?
  — Ils vont rue de Belleville.

école →

être, faire

Observez et répétez

— Et Philippe, qu'est-ce qu'il fait ?
  — Il est journaliste.
— Et Geneviève et Richard, qu'est-ce qu'ils font ?
  — Ils sont médecins.

Faites la même chose avec

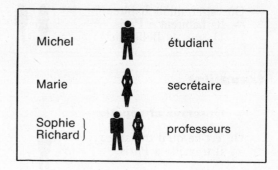

Michel	étudiant
Marie	secrétaire
Sophie ⎫ Richard ⎬	professeurs

3

dessiner

Observez et répétez

— Qu'est-ce que tu fais à l'école ? Tu *dessines* ?
  — Oui, je dessine.
— Et tu aimes dessiner ?
  — Oui, j'aime bien ça !

Remplacez

dessiner → travailler, chanter, jouer.

s'appeler (comment* ?); avoir (quel âge* ?)

Observez et répétez

— Tu t'appelles comment ?
  — Je m'appelle Pierre.
— Tu as quel âge ?
  — J'ai 4 ans.

Faites la même chose avec

Jacques 5 ans	Anne 6 ans	Nicolas 8 ans

être

Observez et répétez

Philippe Aubry. J'habite à Paris
J'ai 29 ans.
Je suis journaliste.

Faites la même chose avec

Alain Laurel, Paris, 30 ans, médecin.
Marie Debard, Lyon, 21 ans, secrétaire
Michel Tenau, Toulouse, 19 ans, étudiant.
Sophie Brisson, Paris, 28 ans, professeur.

avoir	J'	ai		être	Je	suis
	Tu	as			Tu	es
	Il Elle }	a			Il Elle }	est
	Ils Elles }	ont			Ils Elles }	sont

un, une

Observez et répétez

C'est un chien.	C'est une pomme	— Il est journaliste ?
		— Philippe ? Oui, c'est un journaliste.
C'est un train.	C'est une école.	— Elle est secrétaire ?
C'est un ballon.	C'est une voiture.	— Marie ? Oui, c'est une secrétaire.

Apprenez

masculin : *un*	féminin : *une*
un journaliste	une étudiante
un train	une pomme

un, une, des

Observez et répétez

Pierre dessine un chien	→ des chiens,	une voiture	→ des voitures.
un ballon	→ des ballons,	une école	→ des écoles.
un train	→ des trains,	une pomme	→ des pommes.

Apprenez

masculin singulier *un*	féminin singulier *une*	masculin pluriel	féminin pluriel
		└─── *des* ───┘	

4

aller, prendre

Observez et répétez

— Où est-ce que tu vas ?
— Je vais à *la bibliothèque*.

Remplacez

la bibliothèque → l'école, la poste*, l'université, la pharmacie*.

Observez et répétez

— Je prends la voiture aujourd'hui. Tu prends le métro ?
— D'accord !
— Philippe et Hélène prennent le métro ?
— Philippe prend le métro mais Hélène prend la voiture.

Apprenez

aller		prendre	
Je	vais	Je	prends
Tu	vas	Tu	prends
Il }		Il }	
Elle }	va	Elle }	prend
Ils }		Ils }	
Elles }	vont	Elles }	prennent

moi, je... ; toi, tu... ; lui, il... ; elle, elle...

Observez et répétez

— J'ai 5 ans. Et toi, tu as quel âge ?
— { J'ai 5 ans moi aussi.
  { Moi aussi, j'ai 5 ans.
— Et toi, tu as quel âge ?
— Moi, j'ai 6 ans.
— Et Anne, elle a quel âge ?
— Elle, elle a 6 ans.

— Et Nicolas, il a quel âge ?
— Lui, il a 8 ans
— Où est-ce que tu vas ?
— À la pharmacie, et toi ?
— Moi, je vais à la poste.

Accord de l'adjectif. Négation ne...pas

Observez et répétez

— Hélène, tu es prête ?
— Oui, oui, je suis prête !
— Et toi Philippe ?
— Non, je ne suis pas prêt.
— Et toi Pierre, tu es prêt ?
— Oh moi, je suis prêt !
— Philippe et Hélène sont prêts ?
— Hélène est prête mais Philippe n'est pas prêt.

Apprenez

Elle est prête.	Elle n'est pas prête.
Il est prêt.	Il n'est pas prêt.
Elles sont prêtes.	Elles ne sont pas prêtes.
Ils sont prêts.	Ils ne sont pas prêts.

un.../le... ; une.../la...

Observez et répétez

C'est un chien.	→	C'est le chien de Pierre.
C'est un ballon.	→	C'est le ballon de Nicolas
C'est une voiture.	→	C'est la voiture de Philippe.
C'est un train.	→	C'est le train de Marseille.
C'est une rue.	→	C'est la rue Nationale.
C'est un immeuble.	→	C'est l'immeuble d'Hélène et de Philippe.
C'est une école.	→	C'est l'école de Pierre.

Synthèse

Pronoms

1re personne : **je**
→
2e personne : **tu**

3e personne
{ masculin singulier : **il**
féminin singulier : **elle** }

{ masculin pluriel : **ils**
féminin pluriel : **elles** }

moi, je ...	**lui**, il ...	**eux**, ils ...	— *Moi*, j'ai six ans.
toi, tu ...	**elle**, elle ...	**elles**, elles ...	— J'ai six ans, *moi* aussi.

Verbes

travailler	faire	être	avoir	aller	prendre
Je travaille	Je fais	Je suis	J' ai	Je vais	Je prends
Tu travailles	Tu fais	Tu es	Tu as	Tu vas	Tu prends
Il Elle } travaille	Il Elle } fait	Il Elle } est	Il Elle } a	Il Elle } va	Il Elle } prend
Ils Elles } travaillent	Ils Elles } font	Ils Elles } sont	Ils Elles } ont	Ils Elles } vont	Ils Elles } prennent
(1) **Chanter, dessiner...**					

Articles

──── SINGULIER ────

masculin **un** : un ballon, un journaliste
féminin **une** : une pomme, une secrétaire

masculin { **le** : le train de Marseille
l' : l'immeuble d'Hélène et de Philippe }

féminin { **la** : la voiture de Philippe
l' : l'école de Pierre }

──── PLURIEL ────

des { des ballons
des pommes }

les { les enfants de Rémy
les rues de Paris }

Adjectifs

masculin singulier : Il est **prêt**.
féminin singulier : Elle est **prête**.

masculin pluriel : Ils sont **prêts**.
féminin pluriel : Elles sont **prêtes**.

Test

Complétez (un, une).

1. Il y a ... immeuble rue Berteaux. — **2.** Hélène est étudiante dans ... université française. — **3.** Philippe a ... voiture. — **4.** Philippe joue avec ... train. — **5.** Les étudiants ont ... bibliothèque. — **6.** Madame Brunet travaille dans ... école.

Complétez (le, la, l').

1. Je prends ... métro. — **2.** C'est ... livre de Pierre. — **3.** Roland n'aime pas ... école. — **4.** ... chien de Roland s'appelle Médor. — **5.** Je prends ... voiture de Philippe. — **6.** Il habite dans ... immeuble de Philippe et Hélène.

Mettez les phrases au pluriel (il, ils, elle, elles).

Exemple : Elle va à l'école → Elles vont à l'école.

1. Il habite à Paris. — **2.** Elle est étudiante. — **3.** Il a un chien. — **4.** Elle prend le métro.

2. CINÉMA

1. Qu'est-ce qu'on fait ce soir ?

Hélène   On va au cinéma
ce soir ?
Il y a un bon film
au « Français ».

Philippe   Qui est-ce qui garde Pierre ?
Hélène   Béatrice. Elle vient ici à 7 heures.

Philippe   Ce soir, je sors à 7 h 30.
Hélène   Bon.
Je t'attends
devant ton bureau,

et on va
à la séance de 8 h.

Philippe   Béatrice dort ici?

Hélène   Non. On la ramène
chez elle
après le film.

2. Résumé du film

Roger a 23 ans.
C'est le fils d'un paysan
de l'Aveyron.
Il ne veut pas rester
à la campagne.

Un jour, il prend le train
pour aller à Paris.

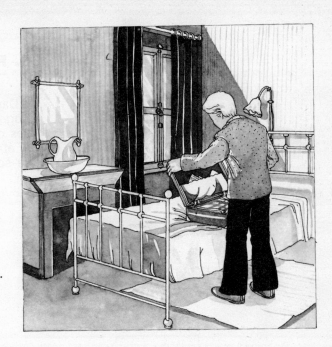

A Paris, il est seul.
Il n'a pas de travail.
Il habite
dans une petite chambre.

Il trouve une place
dans une usine
de voitures.

23

3. Résumé du film (suite)

...Dans cette usine,
Roger rencontre
des ouvriers français
et étrangers.
Le soir, ils vont au café.

Le dimanche,
ils partent à la campagne.
Maintenant,
Roger a beaucoup d'amis.

Mais un jour,
il reçoit une lettre
de l'Aveyron.

Son père est malade
et il veut le voir.

Roger retourne chez lui...

4. Cinéma et télévision

87 % (87 pour 100) des Français
regardent la télévision.
52 % des Français vont au cinéma.

À la télévision,
il y a plusieurs films par semaine.
Le lundi soir, par exemple,
il y a trois films.

Mais beaucoup de spectateurs
préfèrent aller au cinéma

— parce qu'on choisit le film ;
— parce qu'on est
dans une grande salle ;
— parce qu'on voit bien l'écran ;
— parce que les films sont récents.

Grammaire

Articles *au cinéma, à la première séance,*
résumé du film...
Pronoms personnels *on la ramène, je t'attends,*
il veut le voir, chez elle,
chez lui...
Démonstratifs *ce soir, cette usine...*

Exercices

1

sortir

Observez et répétez

— Tu sors aujourd'hui ?
  — Non, pas aujourd'hui. Je sors *lundi.*
— Il sort aujourd'hui ?
  — Non, pas aujourd'hui. Lundi.
— Ils sortent aujourd'hui ?
  — Non, ils sortent lundi.

Remplacez

lundi →	mardi, mercredi, jeudi vendredi, samedi, dimanche

Apprenez

Je	sors	Ils	
Tu	sors	Elles	} sortent
Il			
Elle	} sort		
On			

au, à la, à l'

Observez et répétez

— Où est-ce que tu vas ?
  — À la pharmacie. Et toi ?
— Moi, je vais à la poste.
— Où est Philippe ?
  — Il est au bureau.
— Et Hélène ?
  — Elle est à la bibliothèque et Pierre à l'école.

— On sort ce soir ?
  — D'accord. Où est-ce qu'on va ? au cinéma ? au restaurant* ?
— On va au cinéma et après au restaurant.
  (Les Aubry sortent ce soir, ils vont au cinéma et après au restaurant.)

masculin : À + { LE → AU ; L' → À L' }   féminin : À + { LA → À LA ; L' → À L' }

Observez et répétez

— Où est-ce qu'il va ?
  — Il va à *la bibliothèque.*

Remplacez

la bibliothèque →	le bureau, la pharmacie, le cinéma, la poste, le restaurant.

Il est quelle heure ? Quelle heure est-il ?

Observez et répétez

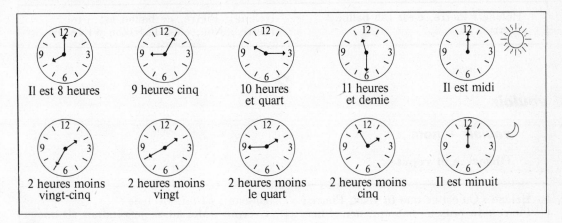

Il est 8 heures | 9 heures cinq | 10 heures et quart | 11 heures et demie | Il est midi

2 heures moins vingt-cinq | 2 heures moins vingt | 2 heures moins le quart | 2 heures moins cinq | Il est minuit

m', t', chez moi ; me, te, chez toi

Observez et répétez

Hélène : Où est-ce que je t'attends ce soir ?
Philippe : Tu m'attends devant le bureau à
7 heures.

Faites la même chose avec

le cinéma, 7 h et quart
le restaurant, 7 h et demie
la pharmacie, 8 h moins le quart.

Observez et répétez

Hélène : Allô, Béatrice ? C'est Hélène. On
va au cinéma ce soir. Tu gardes Pierre ?
Béatrice : D'accord. Je viens à quelle
heure ?
Hélène : La séance est à *7 h 10*. Tu viens
à 6 h et quart ? Ça va ?
Béatrice : Philippe me ramène chez moi
après ?
Hélène : Oui, il te ramène chez toi à 9 h,
9 h et demie.

Remplacez

7 h 10 → 5 h 10
9 h 10

attendre, venir

Observez et répétez

Hélène : Allô, Philippe ? Richard et Sophie
viennent au cinéma ce soir.
Philippe : Ils viennent avec toi ?
Hélène : Non, ils attendent devant le
cinéma.
Philippe : D'accord. À ce soir !

Apprenez

Je	viens		J'	attends
Tu	viens		Tu	attends
Il			Il	
Elle	} vient		Elle	} attend
On			On	
Ils			Ils	
Elles	} viennent		Elles	} attendent

ce, ton, à toi

Observez et répétez

Hélène : Pierre, c'est ton ballon ? Pierre : ...	Hélène : Pierre, ce ballon est à toi ? Pierre : Non, c'est le ballon d'Évelyne.

2

vouloir

vouloir + nom

Observez et répétez

Hélène : Qu'est-ce que tu veux, Pierre ? Pierre : Je veux un ballon... non... une petite voiture.	Hélène : Et toi, Évelyne ? Évelyne : Moi aussi, je voudrais (1) une petite voiture.

(1) *Je voudrais* : forme de politesse pour *je veux*.

vouloir + verbe

Observez et répétez

— Pierre et Évelyne ne veulent pas *jouer !*
— Ils veulent *aller au cinéma...*

Remplacez

jouer, aller au cinéma	→{aller à l'école {rester ici {dormir {dessiner

Apprenez

vouloir	Je veux Tu veux Il Elle }veut On	Ils Elles }veulent

pas de, pas d'

Observez et répétez

Hélène : Qu'est-ce que tu veux ? Un ballon ? Pierre : Non, je ne veux pas de ballon ! Hélène : Tu veux des livres ? Pierre : Non, je ne veux pas de livres ! Hélène : Alors qu'est-ce que tu veux ? Pierre : Je veux dessiner.	...UN ...UNE ...DES	NE..PAS DE... NE..PAS D'...

Observez et répétez

— Sophie a une voiture ?
— Non, elle ne veut pas de voiture.

Répondez de la même manière aux questions proposées

— Les Laurel ont un chien ?
→ — Non...
— Les Verdier ont des enfants ?
→ — Non...

du, de la, de l'; à qui... ?

Observez et répétez

— À qui* est la voiture devant l'immeuble ?
— La R 16 blanche* ? C'est la voiture du médecin.

Faites la même chose à partir des phrases suivantes

Le directeur* de l'usine a une R 20 noire*.
La secrétaire a une R 4 rouge*.
L'amie d'Hélène a une R 4 bleue*.

la, l'

Observez et répétez

Hélène : Tu prends la voiture ? Philippe : Oui, aujourd'hui je la prends. Hélène : Marie est seule. Tu veux bien l'emmener ?	Philippe : D'accord. Et ce soir, je la ramène ? Hélène : Non, non. Ce soir, elle sort avec Michel.

3

partir; avec lui

Observez et répétez

Hélène : Philippe part lundi.
Marie : Où est-ce qu'il va ?
Hélène : À Lyon.
Marie : Il t'emmène avec lui ?
Hélène : Non ! Je travaille lundi... et il y a Pierre !

      (Philippe part mais Hélène
      et Pierre ne partent pas.)

Apprenez

partir	Je	pars
	Tu	pars
	Il Elle } On	part
	Ils Elles }	partent

Les heures (suite)

Observez et répétez

Hélène : Tu pars à quelle heure lundi ?
Philippe : Je prends le train de 19 h 27.
Hélène : Et tu es à Lyon à quelle heure ?
Philippe : À 23 h 30.

Faites la même chose avec

Paris	18 h 04	18 h 50	21 h 53
Bordeaux	22 h 18	23 h 32	03 h 34

recevoir; chez lui, chez elle, chez eux

Observez et répétez

Michel : Philippe et Hélène sont chez eux
ce soir ?
Marie : Philippe n'est pas chez lui, il est à
Marseille, mais Hélène est chez elle.
Michel : Et Geneviève et Rémy ?
Marie : Ils sont chez eux, ils reçoivent des
amis.

Apprenez

recevoir	Je	reçois
	Tu	reçois
	Il	
	Elle	} reçoit
	On	
	Ils	} reçoivent
	Elles	

me, te (rappel)

Observez et répétez

Geneviève : Le professeur de Béatrice veut
me voir.
Rémy : Ah ! bon ?
Geneviève : Et il veut te voir aussi !
Rémy : Ah !... Quel jour ?
Geneviève : *Mardi* soir.

Remplacez

mardi → lundi... mercredi...

le, la ; son

Observez et répétez

— *Le directeur* est dans son bureau ?
— Oui.
— Mademoiselle Debard voudrait le voir.
— Elle veut le voir maintenant ?
— Oui.

Remplacez

le directeur → la directrice*

— La directrice est dans son bureau ?
— ...
— ...

Observez et répétez

— Je vois le médecin mardi.
— Tu le vois à quelle heure ?
— À 5 heures et demie.

Faites la même chose avec

Mercredi, 9 h, Claudine.
Lundi, 2 h, le directeur.
Samedi, midi et demie, Geneviève.

avec lui, avec elle

Observez et répétez

Marie : Tu vois *Michel* aujourd'hui ?
Hélène : Oui, je le vois à 4 heures. Je
travaille avec lui.
Marie : Chez toi ou chez lui ?
Hélène : Chez moi.

Remplacez

Michel → Hélène

Marie : Tu vois Hélène aujourd'hui ?
Michel : Oui, je...

4

Les nombres (suite)

Apprenez

30	*trente*	50	*cinquante*	79	soixante-dix-neuf
31	trente et un	51	cinquante et un	80	*quatre-vingts*
32	trente-deux	52	cinquante-deux...	81	quatre-vingt-un
33	trente-trois	....		82	quatre-vingt-deux...
34	trente-quatre	60	*soixante*	....	
35	trente-cinq	61	soixante et un	90	*quatre-vingt-dix*
36	trente-six	62	soixante-deux...	91	quatre-vingt-onze
37	trente-sept	....		92	quatre-vingt-douze
38	trente-huit	70	*soixante-dix*	93	quatre-vingt-treize
39	trente-neuf	71	soixante et onze	94	quatre-vingt-quatorze
40	*quarante*	72	soixante-douze	95	quatre-vingt-quinze
41	quarante et un	73	soixante-treize	96	quatre-vingt-seize
42	quarante-deux	74	soixante-quatorze	97	quatre-vingt-dix-sept
43	quarante-trois	75	soixante-quinze	98	quatre-vingt-dix-huit
44	quarante-quatre	76	soixante-seize	99	quatre-vingt-dix-neuf
45	quarante-cinq...	77	soixante-dix-sept	100	*cent*
....		78	soixante-dix-huit	101	cent un

pourquoi? parce que; choisir

Observez et répétez

— Les Aubry ont la télévision?
  — Non.
— Pourquoi?
    — Parce qu'ils n'aiment pas ça! Ils
    préfèrent sortir, aller au cinéma, au
    restaurant!

Les films à la télévision

Observez

En France, il y a trois chaînes* de télévision : T. F. 1, Antenne 2, F. R. 3. Sur* ces
trois chaînes, on voit beaucoup de films
(400 à 500 par an).

CHAÎNE	JOUR ET HEURE	SPECTATEURS
TF. 1	dimanche 20 h 30 Film	50,4 %
FR. 3	lundi 20 h 30 Film	33 %

Faites des phrases à partir du tableau

Le dimanche soir, 50,4 % des spectateurs
choisissent T. F. 1 parce qu'il y a un film.
→ Le lundi soir,...

Apprenez

choisir	Je	choisis
	Tu	choisis
	Il Elle On	} choisit
	Ils Elles	} choisissent

des (du, de la)

Les Français et la télévision

Observez

13 heures	25 %
20 heures	52 %
20 heures 30	60 %
22 heures	37 %

Faites des phrases à partir du tableau

À 13 heures, 25 % des télespectateurs regardent la télévision.
→ À 20 heures,...
→ À...
→ ...

par

Observez

1 minute* à 1 heure	11 %
1 heure à 2 heures	18 %
2 heures à 3 heures	19 %
3 heures à 4 heures	26 %

Faites des phrases à partir du tableau

11 % des Français regardent la télévision 1 minute à 1 heure par jour.
→ 18 % des...
→ ...
→ ...

plusieurs, beaucoup de

Observez et répétez

À Paris, il y a plusieurs universités (13). plusieurs grandes bibliothèques (15). plusieurs gares* (9).	Il y a beaucoup de théâtres* (60). beaucoup de cinémas (256). beaucoup de voitures (2 800 000 [2 millions huit cent mille]).

Synthèse

Articles

à + la   → **à la** : Hélène est à la bibliothèque.
à + l'   → **à l'** : Pierre est à l'école.
à + le   → **au** : Philippe est au bureau.
(à + les → **aux**)

de + la   → **de la** : C'est la voiture de la secrétaire.
de + l'   → **de l'** : C'est le directeur de l'école.
de + le   → **du** : C'est la voiture du professeur.
de + les → **des** : C'est l'école des enfants Laurel.

Pronoms compléments

1re personne **me, m'** : Tu me ramènes.   Tu m'attends.
2e personne **te, t'** : Je te ramène.   Je t'attends.

3e personne
$\begin{cases} \textbf{le, l'} \\ \textbf{la, l'} \\ \textbf{les} \end{cases}$
: Je le ramène.   Je l'emmène. } masculin singulier
: Je la ramène.   Je l'emmène. } féminin singulier
: Je les ramène.   Je les emmène. } masc./fém. pluriel

Préposition + pronom

$\begin{cases} \textbf{chez} \\ \textbf{avec} \end{cases}$ **moi, lui, eux, toi, elle, elles**
$\begin{cases} \text{Hélène est chez elle.} \\ \text{Pierre et Hélène sont chez eux.} \\ \text{Marie et Christine sont chez elles.} \end{cases}$

Démonstratifs

masculin singulier **ce** | féminin singulier **cette** | pluriel **ces**
ce ballon | cette voiture | ces pommes

Attention : un immeuble, **cet** immeuble

Verbes

	venir	voir	vouloir	sortir	partir	recevoir	choisir	dormir	attendre
J(e)	viens	vois	veux	sors	pars	reçois	choisis	dors	attends
Tu	viens	vois	veux	sors	pars	reçois	choisis	dors	attends
Il Elle }	vient	voit	veut	sort	part	reçoit	choisit	dort	attend
Ils Elles }	viennent	voient	veulent	sortent	partent	reçoivent	choisissent	dorment	attendent

Test

Complétez (au, à la, à l', aux ; du, de la, de l', des).

1. Michel va ... cinéma ce soir. — À quelle séance ? — ... séance de 9 heures. — **2.** J'aime bien la chambre ... enfants. — **3.** Elle habite ... campagne. — **4.** Roger rencontre des amis ... café. — **5.** Hélène porte des livres ... bibliothèque. — **6.** C'est l'immeuble ... professeur. — **7.** ... télévision, il y a plusieurs films par semaine. — **8.** C'est l'heure ... film.

Employez le pronom qui convient.

1. C'est Maurice Barret. Philippe travaille avec ... — **2.** Tu prends ces livres ? — Oui, je ... porte à la bibliothèque. — **3.** Patrick travaille à Paris. Je ... rencontre dans le métro. — **4.** J'attends, mais M. Monnier ne veut pas ... recevoir. — **5.** J'ai la télévision, mais je ne ... regarde pas. — **6.** Maintenant, Monique habite rue Monge. Je vais chez ... samedi. — **7.** Michel est seul ce soir. Je reste avec ... — **8.** Je vais au cinéma. Tu viens avec ... ?

LES PRONOMS COMPLÉMENTS D'OBJET

I. PRONOMS COMPLÉMENTS D'OBJET DIRECT (3ème personne)

LE LA	Je ramène Pierre. Je ramène Suzanne.	Je *le* ramène. Je *la* ramène.
L'	J'attends Pierre. J'attends Suzanne.	Je *l'*attends. Je *l'*attends.
LES	Je ramène Pierre et Jean. J'attends Pierre et Suzanne. Je ramène Anne et Suzanne. J'attends Pierre et Suzanne.	Je *les* ramène. Je *les* attends. Je *les* ramène. Je *les* attends.

● *Complétez les phrases suivantes :*

1. Le directeur est dans son bureau ? Je voudrais . . . . voir. — 2. C'est Évelyne. Je . . . .
. . . . . . aime bien. — 3. Où est Sophie ? Mon père veut . . . . . . rencontrer. — 4. Les livres ?
Je . . . . porte à la bibliothèque maintenant. — 5. J'ai une voiture mais je ne . . . .
prends pas pour aller au bureau. — 6.   D'accord, elle garde Pierre mais elle . . . . garde
ici ! — 7. Les enfants sortent à 4 h, je . . . . attends devant l'école avec la voiture. — 8.
La télé ? On nè . . . . regarde pas ! — 9. Les enfants ne vont pas à l'école aujourd'hui,
je . . . . emmène au cinéma. — 10. Le chien veut sortir ; je . . . . emmène au
parc.

II. PRONOMS DISJOINTS

Correspondance	Insistance	Après préposition
(je) – moi (tu) – toi (il) – lui (elle) – elle	*Moi,* je préfère rester ici. *Toi,* tu prends la voiture. *Lui,* il sort à 6 heures. *Elle,* elle ne vient pas.	Aujourd'hui, il vient *chez* moi. Bon, alors je vais *avec* toi. Il n'est pas *chez* lui ? Je ne veux pas rester *avec* elle.
(ils) – eux (elles) – elles	*Eux,* ils vont au cinéma. *Elles,* elles prennent le train.	Elle ne veut pas retourner *chez* lui. Il habite *avec* elles ?

● *Complétez les phrases suivantes :*

1. . . . ., je voudrais bien aller voir un film. — 2. Jacques aime bien Isabelle, il sort avec . . . . ce soir. — 3. Je pars, tu viens avec . . . . ? — 4. On attend Marc et Patricia au café, et après on va chez . . . . — 5. Pierre a une chambre mais je ne veux pas habiter chez . . . . — 6. Tu regardes la télévision ? Alors je reste avec . . . . — 7. . . . ., elles veulent rester à la maison. — 8. Je suis étudiante, et . . . . , qu'est-ce que tu fais ? — 9. . . . . , il préfère rester seul. — 10. Qu'est-ce que tu fais le dimanche, tu restes chez . . . . ?

──────────────────────────────────── ANNEXE 2 (révision)

LES ADJECTIFS POSSESSIFS (I)

| Correspondances | Devant un mot | | Masc. et Fém. Pluriel |
	Masculin - Singulier	Féminin - Singulier	
(je) — à moi	C'est *mon* chien.	C'est *ma* voiture.	Ce sont *mes* amis.
(tu) — à toi	C'est *ton* chien.	C'est *ta* voiture.	Ce sont *tes* amis.
(il) — à lui (elle) — à elle	C'est *son* chien.	C'est *sa* voiture.	Ce sont *ses* amis.
(ils) — à eux (elles) — à elles	C'est *leur* chien.	C'est *leur* voiture.	Ce sont *leurs* amis.

Remarque. Devant un mot qui commence par une voyelle,

$$\begin{cases} mon, ma = mon \\ ton, ta = ton \\ son, sa = son \end{cases}$$

Exemples : Pierre, c'est *mon* ami. Évelyne, c'est *mon* amie.

● *Utilisez l'adjectif possessif qui correspond au sujet du verbe.*
EXEMPLE : Il ne veut pas voir *ses* amis.

1. Ils n'emmènent pas . . . . enfants avec eux. — 2. Je préfère rester dans . . . . chambre. — 3. Tu prends . . . . voiture ? — 4. Ils restent chez eux : . . . . fils est malade. — 5. Il joue avec . . . . .amie Évelyne. — 6. Je veux . . . . livre. — 7. Alors Pierre, tu n'aimes pas . . . . école ? — 8. Le dimanche, il part avec . . . . amis. — 9. Tu ne veux pas voir . . . . parents ? — 10. Le soir, ils viennent ici : c'est . . . . café préféré.

L'ADJECTIF DÉMONSTRATIF

SINGULIER	masculin	CE CET *	Ce train part à 12 h 30. Cet ami travaille dans une usine de voitures.
	féminin	CETTE	Je préfère cette voiture. Je ne veux pas rester dans cette université.
PLURIEL	masculin et féminin	CES	Ces films ne sont pas récents. Ces pommes ne sont pas bonnes. Ces ouvriers ne veulent pas travailler le samedi.

* devant un mot masculin qui commence par une voyelle.

● *Complétez les phrases suivantes avec l'adjectif démonstratif qui convient :*

1. Il travaille dans une usine. Dans . . . . usine, il y a beaucoup d'ouvriers étrangers. — 2. J'aime aller au cinéma ; . . . . soir, je vais voir ''Loulou''. — 3. Pierre a 5 ans : et . . . . enfant ne veut pas aller à l'école ! — 4. Tu vois, ... voiture devant la maison, elle est à moi. — 5. Ah non, je ne veux pas voir . . . . film ! — 6. Je n'aime pas . . . . chaîne. Je préfère Antenne 2. — 7. . . . . ouvrier est italien. Il travaille dans l'usine de mon père. — 8. . . . . étudiante ne veut aller au laboratoire de langues. — 9. Il y a beaucoup de spectateurs dans . . . . salle (2 000 à 2 500). — 10. Tu aimes . . . . université, toi ?

4. document authentique

DIX CINÉMAS PERMANENTS
Horaires du 1er au 5 octobre

PARIS 1

Séances à : 13.40 - 16.25 - 19.10 - 21.55

Catherine DENEUVE - Gérard DEPARDIEU

LE DERNIER MÉTRO

avec Jean POIRET

dans un film de François TRUFFAUT

PARIS 2

Séances à : 15.00 - 18.00 - 21.00

IL ÉTAIT UNE FOIS DANS L'OUEST

Film : Sergio Léone - Cl. CARDINAL, Henri FONDA

PARIS 3

Séances à : 14.50 - 17.10 - 19.30 - 21.50

LE CHEVAL D'ORGUEIL

Film : Cl. Chabrol - J. DUFILHO, B. LASACHE, Fr. CLUZET

PARIS °

10 grands films à voir, pendant 10 semaines

2e FESTIVAL DU FILM DES ENFANTS

Dès aujourd'hui, MERCREDI 1er OCTOBRE : 14 h et 16 h

L'HOMME ARAIGNÉE

Prix d'entrée unique : 10 F

Mercredi 8 octobre : LES MALHEURS DE SOPHIE
Mercredi 15 octobre : LA FÊTE SAUVAGE
Mercredi 22 octobre : TITI SUPER STAR, etc.

PARIS 4

Séances à : 14.35 - 17.05 - 19.35 - 22.05

RETOUR A MARSEILLE

Raf VALLONE

3. LOGEMENT

1. Annonces

Philippe Regarde, Hélène.
Il y a un appartement
à louer place Nationale.

...F ?

A LOUER
APPARTEMENT : 4 Pièces
cuisine, salle de bains
téléphone. Place Na-
-tionale.
Agence MARTIN.
Tél : 000-2308.

Hélène C'est près de ton bureau.
Philippe Oui, mais le prix du loyer
n'est pas indiqué.

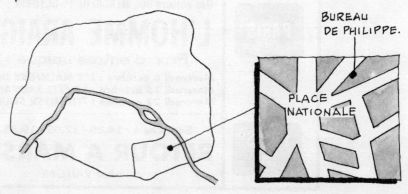

BUREAU
DE PHILIPPE.

PLACE
NATIONALE

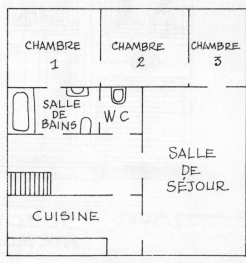

Hélène Je téléphone à l'agence...
Allô, l'agence MARTIN ?
L'employé Oui. Bonjour, Madame.

Hélène Nous avons un appartement
de deux pièces.
Nous cherchons
un appartement plus grand.
Il y a une annonce aujourd'hui
dans le journal. Vous avez
un appartement de quatre pièces
à louer ?

PLAN

| CHAMBRE 1 | CHAMBRE 2 | CHAMBRE 3 |

SALLE DE BAINS   W C

SALLE DE SÉJOUR

CUISINE

L'employé Oui, place Nationale.
Hélène Le loyer, c'est combien,
s'il vous plaît ?
L'employé 1 500 (mille cinq cents)
francs par mois.
Venez à l'agence,
j'ai le plan de l'appartement.
Hélène D'accord. Merci, Monsieur.

2. Les jeunes et le logement

À Paris,
beaucoup de jeunes
cherchent
un logement.

Mais les appartements sont chers,
ou ils ne sont pas confortables :
il n'y a pas d'ascenseur, ou pas de garage ;
ou bien il y a des réparations à faire.

LOYER 3000F PAR MOIS

LOYER 1000F PAR MOIS

FRAIS :

LOYER 1500 (2 mois d'avance) :   3000 F

FRAIS D'AGENCE : $\dfrac{1500\,F \times 12}{10} = 1800\,F$

TOTAL   :   4800 F

Et les frais sont toujours très élevés :
les agences prennent 10 % du loyer annuel,
et les propriétaires demandent
un ou deux mois de loyer d'avance aux locataires.

En banlieue, les loyers sont moins chers.
Mais les transports sont longs, et beaucoup de jeunes
préfèrent habiter à Paris.

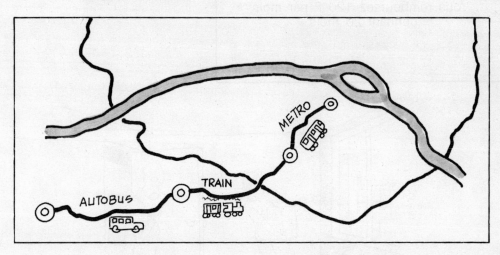

BANQUE DE PARIS

les prêts aux locataires

- Vous travaillez.

- Vous avez 30 ans, ou moins.

- Votre salaire ne dépasse pas 32 000 F par an.

- Vous vous installez dans votre premier logement.

La Banque de Paris vous prête 2 000 F.

Vous remboursez 120 F par mois pendant 20 mois.

BULLETIN de salaire

MONNIER Gilles
22 Grand'Rue
Période du 1er Janv.
au 31 DEC.
SALAIRE : 29900 F

PRÊT : 2000 F	
REMBOURSEMENTS	
Janvier	120 F
Février	120 F

Hélène   Tiens, Philippe,
la banque prête
de l'argent aux jeunes
qui s'installent dans un appartement.

Philippe   Montre. C'est intéressant,
mais je gagne 3 600 F par mois.

Hélène   32 000 F par an,
ça fait combien par mois ?

Philippe   À peu près 2 500 F.
Et ce n'est pas
notre premier appartement.

Hélène   Zut ! Ça ne va pas.

Philippe   Oh ! On a un peu d'argent d'avance.

Hélène   Alors, on prend l'appartement
de la place Nationale ?

Philippe   D'accord. On le prend.

Hélène   Je téléphone tout de suite
à l'agence.

4. Comment déménager?

Si vous n'avez pas
beaucoup d'affaires,
vous pouvez utiliser
votre voiture.

Mais ne déménagez pas seul :
demandez
à vos amis
de vous aider.

Et, le soir,
préparez
un bon repas !

Si vous avez beaucoup d'affaires, vous pouvez louer un petit camion.

LOCATION DU CAMION
PRIX
JOURS : 2   180 F
KM   : 90   180 F
         TOTAL 360 F

La location coûte 90 F par jour, plus 2 F par kilomètre.

PERMIS
DE
CONDUIRE

Il faut avoir plus de 18 ans et posséder le permis de conduire.

Vous pouvez aussi téléphoner à une entreprise de déménagement.

C'est plus cher, mais c'est moins fatigant.

Grammaire

Pronoms personnels   *nous avons un appartement,*
vous avez un appartement,
demandez à vos amis
de vous aider, ...

Exercices

1

nous, vous (1re et 2e personne du pluriel)

Observez et répétez

— Tiens, mais c'est Geneviève et Rémy !
Bonjour ! Vous êtes à Paris ?
   — Oui. Nous habitons à Paris maintenant !
— Ah bon ! Et où est-ce que vous habitez !
   — Nous avons un appartement rue Blanche, près de la place Blanche.
— Et vous aimez Paris ?
   — Oh oui... nous aimons beaucoup ! Et vous, où est-ce que vous êtes ?
— Nous sommes à Marseille.
   — Ah oui ! Vous avez un appartement rue Pasteur, c'est ça ?
— Oui, oui ! Nous cherchons un appartement plus grand mais nous ne trouvons pas.

Apprenez

être	**avoir**
Vous êtes... ?	Vous avez... ?
Oui, nous sommes...	Nous avons...
aimer	**chercher**
Vous aimez... ?	Vous cherchez... ?
Nous aimons...	Nous cherchons...
trouver	**habiter**
Vous trouvez... ?	Vous habitez... ?
Non, nous ne trouvons pas...	Nous habitons...

Les nombres (suite)

Apprenez

100	cent	1 000	mille
110	cent dix	1 100	mille cent
132	cent trente-deux	1 126	mille cent vingt-six
200	deux cents	2 000	deux mille
205	deux cent cinq	2 200	deux mille deux cents
270	deux cent soixante-dix	2 237	deux mille deux cent trente-sept
300	trois cents	5 000	cinq mille
347	trois cent quarante-sept	10 000	dix mille

Les mois

Apprenez

janvier	avril	juillet	octobre
février	mai	août	novembre
mars	juin	septembre	décembre

vous (suite), *vous* de politesse

Observez et répétez

L'employé : Qu'est-ce que vous choisissez ?
Le trois-pièces de la rue Berteaux ou le
quatre-pièces de la rue de l'Europe ?
Mme Fontaine : Je préfère le quatre-pièces
de la rue de l'Europe. Mais mon fils
voudrait le voir aussi. Vous voulez bien
nous emmener ce soir ?
L'employé : Bon, vous m'attendez à
l'agence à 7 heures. D'accord ?
Mme Fontaine : D'accord.

Apprenez

choisir	attendre
Je choisis...	J' attends...
Vous choisissez... ?	Vous attendez... ?
Nous choisissons...	Nous attendons...

vouloir
Je veux...
Vous voulez...
Nous voulons...

Annonces

Observez et répétez

```
À LOUER

4 pièces, 1 800 francs par mois
```

— Vous avez un appartement de quatre
pièces à louer ?
— Oui, avec cuisine et salle de bains.
— Et le loyer, c'est combien ?
— 1 800 francs par mois.

Faites la même chose avec

```
À LOUER
```

2 pièces	5 pièces	4 pièces
900 francs	2 200 francs	1 200 francs
par mois	par mois	par mois

nous, vous (suite)

Observez et répétez

— Vous allez à Lyon ?
— Oui, je pars ce soir.
— Vous prenez votre voiture ?
— Non, je préfère prendre le train.
— Vous partez à quelle heure ?
— À 21 h 45.
— Nous prenons ce train aussi, Françoise
et moi.
— Ah bon... à ce soir alors !

Apprenez

partir	aller
Vous partez ?	Vous allez... ?
Je pars	Je vais...
Nous partons	Nous allons...

prendre
Vous prenez...
Je prends...
Nous prenons...

2

Complétez avec les verbes chercher, vouloir, avoir, aimer, préférer, venir, demander

```
——————— AGENCE RENAUD ———————
```

Vous ... un logement.	Vous n' ... pas la banlieue.
Vous ... un logement confortable.	Vous ... Paris.
Vous ... un garage.	... à l'agence Renaud !
Vous ne ... pas faire de réparations.	Nous ... des logements pour vous.
Vous ... deux enfants.	

très

Observez et répétez

— L'appartement est grand ?
— Oui, très grand !

Continuez

Il est confortable ? — Oui,...!
L'immeuble est récent ? — Oui,...
Et le loyer est élevé ? — Non, non, il n'est pas...

une heure de...

Observez et répétez

Paris
— Dijon   2 h 16
— Lyon   3 h 44
— Besançon   3 h 27
— Bordeaux   4 h

Faites des phrases à partir du tableau

De Paris à Dijon, il y a 2 h 16 de train.
→ De Paris à Lyon, il y a...
→ ...

plus... que, moins... que

Observez et répétez

À Paris, les loyers sont plus élevés qu'en banlieue.

On peut dire aussi :
En banlieue, les loyers sont moins élevés qu'à Paris.

Transposez

La R 6 est plus grande et plus confortable que la R 4. → ...
Au cinéma les films sont plus récents qu'à la télévision. → ...
En juillet les jours sont plus longs qu'en décembre. → ...

Place de l'adjectif

Observez et répétez

— Je cherche un appartement.
— Un appartement comment ?
— Un petit appartement dans un immeuble récent.

— Je cherche un appartement.
— Un appartement comment ?
— Un appartement confortable dans un petit immeuble.

Complétez ce dialogue avec les adjectifs petit(e), grand(e), récent(e), confortable, élevé(e).

— J'ai un... appartement à Sèvres.
— Dans un immeuble...?
— Non, dans un immeuble de 1940.
— Et c'est un appartement...?
— Oui. Il y a une... pièce et une... chambre.
— Vous avez un garage.
— Oui, un... garage.
— Et le loyer ?
— Ce n'est pas un loyer très...

3

Les nombres

Apprenez

1ᵉʳ premier	3ᵉ troisième	5ᵉ cinquième	7ᵉ septième	9ᵉ neuvième	11ᵉ onzième
2ᵉ deuxième	4ᵉ quatrième	6ᵉ sixième	8ᵉ huitième	10ᵉ dixième	... ...

dix → dixième   onze → onzième

Les verbes pronominaux (suite)

s'appeler

Observez et répétez

— Vous vous appelez comment ?
— Brisson, Richard Brisson.

Apprenez

Vous	vous	appelez... ?
Je	m'	appelle...
Il Elle On	s'	appelle...
Ils Elles	s'	appellent...

s'installer

Observez et répétez

— Vous habitez à Lyon ?
— Oui, mais nous nous installons à Paris en janvier.

Faites la même chose avec

Alain et Isabelle Girard, Paris → Marseille, avril.

Jean et Nicole Leriche, Grenoble → Bordeaux, juin.

le, la, les (rappel)

Observez et répétez

— Tu vois Alain Girard ?
— Oui, je le vois au bureau.
— Et Isabelle ?
— Non, elle, je ne la vois pas.

— Vous voyez les Girard ?
— Oui, je les vois dimanche.

Faites la même chose avec

Jean et Nicole Leriche.
Rémy et Geneviève Laurel.

nous, vous

Observez et répétez

— Je vous téléphone ce soir pour vous demander l'adresse de *votre agence*.
— Pour nous trouver, vous nous téléphonez après 8 heures.

Remplacez

votre agence → votre médecin, votre banque.

Observez et répétez

Michel : Tu me prêtes de l'argent ?
Marie : Tu veux combien ?
Michel : Pas beaucoup...
Marie : Je te prête 100 francs mais tu me rembourses.
Michel : Je te rembourse toujours !

Transposez

Michel : Roland et moi, on voudrait sortir ce soir. Tu nous prêtes...
Marie : Vous voulez...

Attention

$$\left.\begin{array}{l}\text{Je trouve}\\[4pt]\text{Je cherche}\end{array}\right\}\;\text{Michel, } \textit{mais}\;\left\{\begin{array}{l}\text{Je téléphone}\\ \text{Je demande}\\ \text{Je prête}\\ \text{Je rembourse}\\ \text{J'indique}\end{array}\right\}\;\text{à Michel}$$

chez vous, avec vous ; chez nous, avec nous

Observez et répétez

— On va au cinéma... Venez avec nous.
On vous ramène chez vous après.
— Vous voulez bien ? Alors je viens
avec vous.

Lexique

Complétez les phrases

Elle aime son travail. C'est un travail intéressant. Et elle... 6 000 francs par mois, c'est un très
bon...! Mais elle a beaucoup de..., des... de transport, de téléphone. Elle est propriétaire de son
appartement, mais elle a un... de la banque et elle... 1 500 francs par mois.

votre

À la banque

Observez

Nom :	.....	Âge :	.....
Prénom :	.....	Profession :	.....
Adresse :	.....	Salaire :	.....

Continuez

— Je voudrais demander un prêt. Qu'est-ce
que je fais ?
— Prenez cette feuille et indiquez :
votre nom
...

Prêts

Observez

Salaire :	39 000 francs par an.
Prêt :	69 000 francs.
Remboursement :	824 francs par mois.
Pendant :	108 mois.

Vous gagnez 39 000 francs par an. Vous
voulez être propriétaire. La banque vous
prête 69 000 francs et vous remboursez
824 francs par mois pendant 108 mois.

Faites la même chose avec

Salaire :	66 000 francs par an.
Prêt :	110 000 francs.
Remboursement :	1 320 francs par mois.
Pendant :	180 mois.

Salaire :	144 000 francs par an.
Prêt :	250 000 francs.
Remboursement :	3 000 francs par mois.
Pendant :	180 mois.

4

pouvoir + verbe à l'infinitif

Observez et répétez

— Tu sors avec nous ?
    — Non, je ne peux pas sortir ce soir.
    J'ai du travail.
— Ils sortent ?
    — Non, ils ne peuvent pas sortir. Ils
    reçoivent des amis.

Apprenez

Je	peux	Nous	pouvons
Tu	peux	Vous	pouvez
Il		Ils	
Elle }	peut	Elles }	peuvent
On			

il faut + verbe à l'infinitif

Observez et répétez

Pour trouver un logement :
    vous prenez le journal,
    vous regardez les petites annonces,
    vous téléphonez à des agences,
    vous regardez plusieurs plans,
    vous rencontrez les propriétaires et vous
    demandez le prix !

Transposez

Pour trouver un logement
→ il faut prendre le journal,
...
...

demander à... de...

Observez et répétez

Si vous avez beaucoup de travail, vos amis
peuvent vous aider.
Si vous êtes seul(e) un soir, vos amis
peuvent sortir avec vous.
Si vous n'avez pas de travail, vos amis
peuvent vous prêter de l'argent.
Si vous n'avez pas de voiture, vos amis
peuvent vous ramener chez vous.

Transposez

→ Si vous avez beaucoup de travail, demandez à vos amis de vous aider.
→ ...

moins de..., plus de...

Observez et répétez

— Il est jeune ?
    — { Oui, il a moins de 30 ans !
       { Non, il a plus de 60 ans !

Choisissez une réponse (oui ou non)

— Cet immeuble est récent ?
    — ..., il a { plus de 15 ans.
           { moins de 5 ans.

— Il a un bon salaire ?
    — ..., il gagne { plus de 8 000 francs.
               { moins de 3 000 francs.

— C'est près d'ici ?
    — ..., C'est à { plus de 100 kilomètres.
              { moins de 10 kilomètres.

Impératif *(prendre, aller, rester, venir)*

Observez et répétez

Philippe à Pierre } Ne reste pas ici! Prends ton ballon et va avec Maman.

Hélène à Pierre } Viens avec moi.

Un professeur à des enfants } Prenez vos livres et allez travailler. Ne restez pas ici. Venez avec moi.

Complétez

Tu veux sortir? ... au cinéma avec Marie.
Philippe, il n'y a pas de métro aujourd'hui, ... la voiture.
Si vous ne voulez pas sortir, ... ici.
Tu es seul? ... chez moi travailler.
Si vous ne voulez pas habiter la banlieue, ... à Paris.
Pierre et Christine, on sort, ... vos affaires.

Synthèse

Verbes

	chercher	choisir	partir	venir	tenir	prendre	recevoir
Je	cherche	choisis	pars	viens	tiens	prends	reçois
Tu	cherches	choisis	pars	viens	tiens	prends	reçois
Il Elle }	cherche	choisit	part	vient	tient	prend	reçoit
Nous	cherchons	choisissons	partons	venons	tenons	prenons	recevons
Vous	cherchez	choisissez	partez	venez	tenez	prenez	recevez
Ils Elles }	cherchent	choisissent	partent	viennent	tiennent	prennent	reçoivent

	voir	vouloir	pouvoir	dormir	sortir	attendre
J(e)	vois	veux	peux	dors	sors	attends
Tu	vois	veux	peux	dors	sors	attends
Il Elle }	voit	veut	peut	dort	sort	attend
Nous	voyons	voulons	pouvons	dormons	sortons	attendons
Vous	voyez	voulez	pouvez	dormez	sortez	attendez
Ils Elles }	voient	veulent	peuvent	dorment	sortent	attendent

Cas particuliers

ramener : Je ramène | **emmener :** J' emmène | **s'appeler :** Je m' appelle
Nous ramenons | Nous emmenons | Nous nous appelons

être	avoir	aller	faire
Je suis	J' ai	Je vais	Je fais
Tu es	Tu as	Tu vas	Tu fais
Il Elle } est	Il Elle } a	Il Elle } va	Il Elle } fait
Nous sommes	Nous avons	Nous allons	Nous faisons
Vous êtes	Vous avez	Vous allez	Vous faites
Ils Elles } sont	Ils Elles } ont	Ils Elles } vont	Ils Elles } font

Pronoms

Nous avons un enfant
Il **nous** attend.
Il **nous** prête un livre.
Il habite avec **nous.**

Vous avez un enfant.
Il **vous** attend.
Il **vous** prête un livre.
Il habite avec **vous.**

(Il attend Pierre.)
(Il prête un livre à Pierre.)

Test

Complétez en utilisant les verbes.

1. — Qu'est-ce que vous ... ? — Je prends ce livre.   *(choisir)*
2. — Vos enfants ... à l'école ? — Non, ils ... moins de quatre ans.   *(aller, avoir)*
3. — Vous n' ... pas Pierre ? — Non, pas aujourd'hui, il est malade.   *(emmener)*
4. — Vous ... beaucoup ? — Nous ... le samedi.   *(sortir)*
5. — Vous ... ici, s'il vous plaît ! — Bien, j' ...   *(attendre)*
6. — Les Aubry ... avec nous ? — Non, ils ... des amis.   *(venir, recevoir)*
7. — Vous ... bien ? — Non, je ne ... pas très bien.   *(dormir)*
8. — Vous ... un chien ? — Non, nous n' ... les chiens.   *(vouloir, aimer)*
9. — Vous ... des enfants ? — Oui, nous ... un fils de quatre ans.   *(avoir)*

Document complémentaire

Annonces

● **À vendre :** XVIᵉ, App. 8 p., cuis., 2 s. de b., ch. empl., gar., tél. Pr. élevé. Tél. : 224-11-48.

● **Ent. démén.** cherch. employé moins 40 ans, condui. cami. transp. Bon salaire. Tél. : 524-23-40.

● **Cherche location** app. 3 p. cuis., s. de b., près école.

● **Étudiant** cherch. chamb. louer. près univer. Paris 10. Écrire : Jean Renoir, 22, rue Brancas, 92310 Sèvres.

● **À vendre :** app. 4 p., cuis., s. de b., asc. tél. garage. Tél. : 223-11-32.

● **À louer :** app. 2 p. cuis. près mét. Répar. — Prix intéress. Tél. : 027-01-05. Avant 9 h.

LES ADJECTIFS POSSESSIFS (II)

Correspondances	DEVANT UN MOT		
	Masculin - Singulier	Féminin - Singulier	Masc. et Fém. Pluriel
(je) — à moi	C'est *mon* chien.	C'est *ma* voiture.	Ce sont *mes* amis.
(tu) — à toi	C'est *ton* chien.	C'est *ta* voiture.	Ce sont *tes* amis.
(il) — à lui ⎫ (elle) — à elle ⎭	C'est *son* chien.	C'est *sa* voiture.	Ce sont *ses* amis.
(ils) — à eux ⎫ (elles) — à elles ⎭	C'est *leur* chien.	C'est *leur* voiture.	Ce sont *leurs* amis.
(nous) — à nous	C'est *notre* chien.	C'est *notre* voiture.	Ce sont *nos* amis.
(vous) — à vous	C'est *votre* chien.	C'est *votre* voiture.	Ce sont *vos* amis.

REMARQUE. Devant un mot qui commence par une voyelle, ⎧ *mon, ma = mon*
⎨ *ton, ta = ton*
⎩ *son, sa = son*

Exemples : Pierre, c'est *mon* ami.
Évelyne, c'est *mon* amie.

● *Utilisez l'adjectif possessif qui correspond au sujet du verbe :*

1. Vous partez avec . . . . voiture ? — 2. Il n'est pas dans . . . . bureau.
— 3. Nous cherchons . . . . chien. — 4. Il préfère rester dans . . . . chambre.
— 5. Ils veulent louer . . . . appartement. — 6. Vous allez dans l'Aveyron chez . . . .
amis ? — 7. Pierre n'aime pas . . . . école. — 8. Nous n'emmenons pas . . . .
enfants. — 9. Le dimanche, ils vont à la campagne avec . . . . enfants. — 10. Le
directeur ne veut pas d'étrangers dans . . . . usine.

VOCABULAIRE

● *Complétez les phrases suivantes :*

1. Monsieur Renoir est employé à l'agence Martin. Son . . . . est de
60 000 francs par an. — 2. Pour avoir . . . . argent, il garde des

enfants le soir. — 3. Allons Pierre, tu n'est pas prêt ? Nous partons . . . . !
— 4. J'ai un prêt de la banque : je . . . . 1 600 francs par mois. —
5. Deux mois de loyer, plus les frais d'agence, ça fait combien ? — . . . .
6 000 francs. C'est beaucoup ! — 6. Est-ce que la banque . . . .
de l'argent aux jeunes étudiants ? — 7. Je rembourse 1 000 francs par mois . . . .
10 ans. — 8. J'ai un peu d'argent . . . . alors je veux acheter un
appartement. — 9. Nous . . . . samedi dans notre appartement
de la place Nationale. 10. Est-ce que votre salaire . . . .
32 000 francs par an ?

_____ ANNEXE 6 (révision)
LA COMPARAISON (I)

I. _PLUS / MOINS_ **DEVANT UN ADJECTIF**

● _Complétez les phrases avec ''plus'' ou ''moins'' :_

1. C'est lourd ? Alors, porte ça, c'est . . . . lourd. — 2. Maintenant, ils sont
seuls ; ils veulent habiter dans un appartement . . . . grand. — 3. Prends la
voiture, c'est . . . . confortable. — 4. Ici, c'est bien mais elle voudrait payer un
loyer . . . . élevé. — 5. Moi, je vais au musée ; c'est . . . .
intéressant. — 6. Maintenant, il a des amis : il est . . . . seul. — 7. Je peux vous
proposer aussi un appartement de quatre pièces mais il est . . . . cher bien sûr !
— 8. Ils veulent une télévision avec un écran . . . . grand pour bien voir les
films.

II. _PLUS QUE / MOINS QUE_ **DEVANT LE DEUXIEME TERME DE COMPARAISON**

● _Construisez chaque phrase avec les éléments proposés :_

1. Le train, c'est confortable.   (+ ; l'autobus) . . . .

. . . .

2. Ici, il est seul.   (− ; dans l'Aveyron) . . . .

. . . .

3. Au cinéma ''le Français'', l'écran est grand.   (− ; au ''Ritz'') . . . .

. . . .

4. Les loyers sont élevés.   (+ ; en banlieue) . . . .

. . . .

5. Mon travail est intéressant. (— ; avant). . . . .

. . . .

6. Ce plan d'appartement est bien. (— ; le premier). . . . .

. . . .

7. Ce film est récent. (+ ; "Le dernier métro") . . . .

. . . .

8. Il est jeune. (+ ; moi) . . . .

. . . .

III. *PLUS DE / MOINS DE* **DEVANT UN TERME DE QUANTITÉ**

● *Répondez aux questions :*
EXEMPLE : Il a quel âge ? — Il a moins de 30 ans. (OU : Il a plus de 30 ans.)

1. Ton loyer, c'est combien ? . . . .

. . . .

2. Quelle heure est-il maintenant ? . . . .

. . . .

3. Pour aller à l'université, il faut combien de temps ? . . . .

. . . .

4. Tu travailles combien d'heures par jour ? . . . .

. . . .

5. Vous mettez combien de temps pour faire les exercices ? . . . .

. . . .

6. Est-ce que beaucoup de spectateurs regardent cette émission ? . . . .

. . . .

7. Tu restes ici combien de temps ? . . . .

. . . .

———————————————————————— ANNEXE 7 (révision)

LES PRONOMS COMPLÉMENTS D'OBJET (II)

COMPLÉMENTS D'OBJET DIRECT (construction verbale directe)	(je) — me (tu) — te	(il) — le, l' (elle) — la, l'	(ils, elles) — les	(nous) — nous (vous) — vous
COMPLÉMENTS D'OBJET INDIRECT (construction verbale indirecte)	(je) — me (tu) — tu	(il, elle) — lui	(ils, elles) — leur	(nous) — nous (vous) — vous

● *Complétez les phrases suivantes avec le pronom qui convient :*

1. Je n'ai pas d'argent pour payer le loyer ; est-ce que tu peux . . . . prêter 2 000 francs?

2. La voiture est au garage, tu peux . . . . prendre si tu veux.

3. Nous déménageons dimanche ; plusieurs amis viennent . . . . aider.

4. Ils sont chez eux ? Alors, je . . . . téléphone tout de suite.

5. Philippe, viens, on . . . . demande au téléphone !

6. Il y a un studio à louer place Monge. Vous voulez . . . . visiter ?

7. Les films de Truffaut ? Je ne . . . . aime pas du tout !

8. Elle est d'accord : je . . . . rembourse 100 frs par mois pendant 10 mois.

9. Il a beaucoup de travail alors je . . . . aide.

_____ ANNEXE 8 (révision)

L'EXPRESSION DE LA QUANTITÉ (réemploi)

● *Complétez les phrases en utilisant les mots de la liste suivante :*
pas - beaucoup - plusieurs - un peu - plus - moins - de.

1. Ici, un appartement . . . . trois pièces coûte 5 000 francs par mois. c'est très cher !

2. Attention, cet appartement est bien mais il y a . . . . réparations à faire.

3. Pour avoir un prêt, il faut avoir . . . . 30 ans.

4. Est-ce que tu as . . . . d'argent à la banque ?

5. Nous n'avons . . . . voiture, nous prenons toujours les transports en commun.

6. Il ne travaille pas : prête-lui . . . . d'argent.

7. Les frais sont très élevés : . . . . 15 % du loyer annuel.

8. Nous devons lire . . . . livres en français pendant l'année.

9. Roger n'a . . . . travail : il cherche une place.

4. MANGER MIEUX

DATE	POIDS
LUNDI 12 octobre	52 Kg
LUNDI 19 octobre	53 Kg

Hélène   J'ai grossi!
J'ai pris un kilo.

COMMENT MAIGRIR?

1. Comment maigrir

les aliments permis :

les aliments interdits :

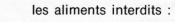

les fruits

les oranges, les pommes

les bananes, le raisin

les légumes

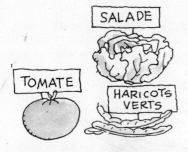

les tomates, la salade
les haricots verts

les pommes de terre

la viande

le bœuf, le veau

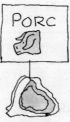

le porc

Le fromage et le lait
sont permis,
mais en petite quantité.

Il faut aussi
éviter le sucre,
le pain,
le beurre.

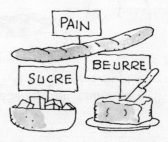

2. Menu

Le matin,
pour le petit déjeuner

un café ou un jus de fruit sans sucre.

À 10 heures

un grand verre d'eau.
Si vous avez faim, évitez les tartines de pain avec du beurre.
Prenez plutôt une pomme.

À midi,
pour le déjeuner

un bifteck grillé, de la salade,
30 grammes de fromage.

À quatre heures

une pomme ou une orange.

Le soir,
pour le dîner

deux œufs ou du poisson
avec quelques légumes.

Ne buvez pas en mangeant.

Buvez plutôt entre les repas.

3. Recette

du jambon
(150 grammes)

une pomme

Pour deux personnes, il faut :

des haricots verts
(200 grammes)

un reste de viande
(du poulet, par exemple).

une salade

un citron

1. Lavez la salade.

4. Coupez le jambon,
la viande et les haricots
en petits morceaux.

2. Posez
les feuilles
sur un plat.

5. Épluchez la pomme.
Coupez-la aussi
en morceaux.

3. Faites cuire
les haricots.

6. Mélangez la pomme,
la viande, le jambon
et les haricots.

7. Mettez-les sur la salade.

8. Ajoutez
le jus d'un citron.

Et... Bon appétit!

4. Au salon de thé

Hélène Un thé, s'il vous plaît.
Marie Un chocolat,
avec quelques
petits gâteaux.

Hélène Tu veux du sucre ?

Marie Non merci, je n'en prends pas.
Depuis 15 jours,
je ne mange plus de pain,
je ne bois plus de vin.
Tous les matins,
je prends un grand verre d'eau.
À midi, de la viande
ou du poisson.
Le soir, seulement des légumes.

DATE	POIDS
LUNDI 12 OCTOBRE	56 Kg
LUNDI 19 OCTOBRE	57 Kg

Hélène Et tu as maigri ?
Marie Eh bien, tu vois,
c'est bizarre,
j'ai pris un kilo.

Grammaire

Articles partitifs	*du beurre, de la salade...*
Pronom en	*je n'en prends pas...*
Négation	*je ne mange plus de pain...*
Passé composé	*j'ai grossi, j'ai pris, tu as maigri...*

Exercices

1

Passé composé

chercher, faire

Observez et répétez

Philippe : Où est ton ballon, Pierre ?
Pierre : Je l'ai cherché et je ne l'ai pas
    trouvé.
Philippe : Demande à maman.
Pierre : J'ai demandé !

Observez et répétez

Philippe : Qu'est-ce que tu fais à l'école ?
Pierre : Je joue, je dessine, je chante, je
    travaille.

Apprenez

chercher, trouver,...	
Présent	Passé composé
Je cherche	J'ai cherché

Transposez

Philippe : Qu'est-ce que tu as fait
    aujourd'hui ?
Pierre : J'ai joué, j ...
Philippe : Et Évelyne ?
Pierre : Elle aussi, elle ...

voir, conduire

Observez et répétez

— Tu as emmené Pierre à l'école ?
    — Oui, je l'ai conduit en voiture.

— Vous avez regardé la télévision lundi
    soir ?
    — Oui, on a vu un bon film

Apprenez

	voir	conduire
Présent :	Je vois	Je conduis
Passé composé :	J'ai vu	J'ai conduit

Observez

Aujourd'hui (mercredi 12 mai)
— conduire Pierre chez Évelyne,
— porter des livres à la bibliothèque,
— voir le médecin,
— téléphoner à Michel.

Continuez

Marie : Qu'est-ce que tu as fait mercredi ?
Hélène : Mercredi ? J'ai conduit ...
    ...

choisir

Observez et répétez

— Vous avez choisi ?
— Oui, je prends ce livre.

Observez et répétez

Pour trouver un appartement, il faut :
prendre le journal,
regarder les petites annonces
chercher plusieurs appartements,
téléphoner à des agences,
demander les prix,
voir les plans,
et... choisir !

attendre

Observez et répétez

Hélène : Tu n'attends pas Michel ?
Marie : Je l'ai attendu plus d'une heure...
On part... Viens !

le, la, les + noms d'aliments

Observez et répétez

— Tu aimes les *oranges* ?
— Oui, mais je préfère les *pommes*.
— Tu aimes les *tomates* ?
— Oui, mais je préfère la *salade*.

boire

Observez

— Qu'est-ce que tu bois le matin ?
— Je bois du thé*.
— Et Philippe ?
— Du thé aussi.
— Et Pierre ?
— Il boit du lait. Et vous, qu'est-ce que vous buvez ?
— Rémy et moi, nous buvons du café.

Apprenez

choisir, grossir, maigrir	
Présent	Passé composé
Je choisis	J'ai choisi

Transposez

Alain : Vous avez trouvé un appartement ?
Hélène : Oui, j'ai trouvé un quatre-pièces, place Nationale.
Alain : Vous l'avez trouvé comment ?
Hélène : J'ai pris le journal, j'ai ...

Alain : Les Aubry ont trouvé un appartement.
Isabelle : Ils l'ont trouvé comment ?
Alain : Hélène a ...

Apprenez

Présent	Passé composé
J'attends	J'ai attendu

Remplacez

oranges, pommes	→	oranges, bananes ; pommes, raisin.
tomates, salade	→	tomates, haricots ; salade, carottes.

2

Apprenez

Présent		Passé composé	
Je	bois	J'	ai bu
Tu	bois	Tu	as bu
Il		Il	
Elle	boit	Elle	a bu
On		On	
Nous	buvons	Nous	avons bu
Vous	buvez	Vous	avez bu
Ils		Ils	
Elles	boivent	Elles	ont bu

le/du, la/de la, les/des

Observez et répétez

— Vous aimez le thé ?
  — Oui, le matin, je prends toujours du thé.

Observez

AU RESTAURANT

— Regardez le menu. Il y a de la viande, du poisson, des œufs et plusieurs légumes, du fromage… Vous aimez la *viande ?*
  — Oui, à midi j'aime bien manger de la viande.

Observez

LES REPAS EN FRANCE

Le matin	*À midi*	*Le soir*
thé au lait ou café pain + beurre	viande + légumes + salade + fromage + fruits	œufs ou poisson ou légumes + fromage

Répondez de la même manière

Il aime le lait ? — Oui, le matin, il …
Ils aiment le café au lait ? — Oui, …
Ils aiment le pain et le beurre ? — Oui, le matin, ils …

Remplacez

viande → poisson, œufs, légumes, fromage.

Apprenez

aimer
préférer

}

le lait,
la viande,
les légumes.

boire *du* lait, manger *de la* viande, prendre *des* légumes.

Continuez

En France, le matin, on boit du thé…
…
Le matin, les Français boivent du thé…
…

en... -ant

1

— Qu'est-ce que tu as fait lundi soir ?
  — J'ai *travaillé* en attendant Philippe.

2

Pour trouver un appartement, il faut :
  regarder les petites annonces,
  demander à des amis,
  téléphoner à des agences.

Remplacez

travailler → dessiner, préparer le repas, regarder la télévision, jouer avec Pierre.

Transposez

On peut trouver un appartement
  en regardant les petites annonces,
  …
  …

un peu de... / quelques...

1

— Vous voulez du pain ?
    — Non merci.
— Et vous ?
    — Moi, je veux bien un peu de *pain* s'il vous plaît.

Remplacez

pain → salade, beurre, poisson, eau, fromage, café.

2

— Vous prenez des pommes de terre ?
    — Non merci.
— Et vous ?
    — Moi, je veux bien quelques *pommes de terre*.

Remplacez

pommes de terre → haricots verts, tomates.

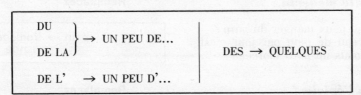

DU		
DE LA	→ UN PEU DE...	DES → QUELQUES
DE L'	→ UN PEU D'...	

3

mettre

Présent

Observez et répétez

— Tu as un garage ?
    — Non !
— Où est-ce que tu mets ta voiture ?
    — Je la mets dans le garage du propriétaire. Et vous, où est-ce que vous la mettez ?
— On la met devant l'immeuble.

Apprenez

Je	mets	Nous	mettons
Tu	mets	Vous	mettez
Il		Ils	
Elle }	met	Elles }	mettent
On			

Passé composé

Observez et répétez

— Pierre, où est-ce que tu as mis ton ballon
    — Dans la voiture.
— Il n'est pas dans la voiture !
    — Je l'ai mis ce matin... (quand papa m'a emmené à l'école).

Apprenez

J'	ai mis	Nous	avons mis
Tu	as mis	Vous	avez mis
Il		Ils	
Elle }	a mis	Elles }	ont mis
On			

faire + **infinitif**

Observez et répétez

— Évelyne ne veut pas manger !
   — Elle ne veut pas manger ? Il faut la
   faire manger !

Faites la même chose avec

Pierre	Michel	Marie	Évelyne
dormir	venir	attendre	sortir

de la ; du, un verre de...

1. Devant la télévision

H. : Tu bois du *lait ?*
M. : Oui, je bois toujours un verre de lait
   en regardant la télévision.

Remplacez

lait → jus d'orange, bière*, jus de pomme,
jus de raisin.

2. Chez le médecin

— Est-ce que je peux manger du *pain ?*
   — Un morceau de pain par jour c'est
   permis, mais un petit morceau !

Remplacez

pain → fromage,
viande

3. Chez l'épicier*

— Je voudrais 1 kilo de *pommes* s'il vous
   plaît.
   — Voilà, Madame, et après ?
— Je voudrais...

Remplacez

pommes → oranges (1 kilo), raisin (500
grammes ou une livre*).
carottes* (1 kilo), pommes de
terre (5 kilos).

Impératif + *le, la, les*

Recettes

1

On choisit quatre pommes.
On les lave.
On les épluche.
On les coupe en morceaux.
On les met dans une casserole*
et on les fait cuire avec un peu de sucre.

Continuez

Pour faire cette recette
choisissez quatre pommes,
lavez-les,
...

2

Prenez des pommes de terre (une par
   personne).
Lavez-les.
Mettez-les dans une casserole avec de
   l'eau.
Faites-les cuire.
Épluchez-les.
Mangez-les avec un peu de beurre.

Continuez

Pour faire cette recette,
on prend quatre pommes,
on...
...

Observez et répétez

Pierre : Maman, je ne trouve pas *mon ballon !*
Hélène : Cherche-le !

Observez et répétez

Philippe : *Pierre* n'est pas prêt ? Je pars !
Hélène : Attends-le 5 minutes.

4

du, de la, de l'

Observez et répétez

> — Tu as maigri ! — Oui, je fais de la gymnastique tous les matins.
> — Tu viens ? — Non, j'ai du travail.
> — On va au cinéma ? — D'accord. Attends, je prends de l'argent.

en...

Observez et répétez

— Il faut aller chercher du *pain* pour le dîner !
 — Mais non, il y en a...
— Tu en as acheté ?
 — Oui, oui... J'en ai acheté ce matin.

DU... / DE LA... / DE L'... / DES... → EN

Attention

1

— Vous voulez du *lait ?*
 — Non merci, je n'en prends pas.
— Vous n'aimez pas le lait ?
 — Non, je n'aime pas ça !

2

— Il est bon ce *pain !* Où est-ce que vous l'avez acheté ?
 — Rue Jasmin.

plus de..

Attention, il faut acheter :

pain	fruits	beurre	bière
salade	lait	café	

Faites des phrases sur le modèle

Tiens, il n'y a plus de pain. Il faut en acheter.
→ Tiens, il n'y a plus de...

Rappel

— Ils ont une voiture ?
    — Non, non, ils n'ont pas de voiture.

UN...		DU...	
UNE...	→ PAS DE...	DE LA...	→ PAS DE...
DES...		DE L'...	

tous les...

Observez

1 000 kilos = une tonne

Au petit déjeuner, les Parisiens boivent 70 tonnes de café, 1 tonne de thé, 25 tonnes de chocolat, 65 000 litres de lait, et mangent 3 millions de pains.

Le matin, 4 500 000 personnes partent travailler : 500 000 Parisiens prennent 3 500 autobus ; 1 500 000 prennent le métro ; 1 700 000 jeunes vont à l'école et 243 000 étudiants vont à l'université.

À midi, 61 000 restaurants préparent 3 millions de repas.

Le soir, de 17 h à 18 h, 4 500 000 travailleurs sortent des bureaux, des usines et des entreprises.

À partir de ce texte, faites quelques phrases sur le modèle

Tous les matins, au petit déjeuner, les Parisiens boivent 70 tonnes de café.
    ...
    ...

Synthèse

Articles

J'aime { le sucre. / la viande. / les légumes. } → Je mange { **du** sucre. / **de la** viande. / **des** légumes. }

aimer **le** ..., **la** ..., **l'** ..., **les** ...
manger **du** ..., **de la** ..., **de l'** ..., **des** ...

REMARQUE : J'ai acheté **un** poisson   J'ai acheté **une** salade
                        du poisson   **de la** salade

Pronom *en*

Tu aimes $\begin{cases} \text{le fromage ?} \\ \text{la viande ?} \\ \text{les fruits ?} \end{cases}$ → Oui, je mange $\begin{cases} \text{du fromage} \\ \text{de la viande} \\ \text{des fruits} \end{cases}$ tous les jours.

→ Oui, j'**en** mange tous les jours.

$$\left.\begin{array}{l} \text{du} \\ \text{de la} \\ \text{de l'} \\ \text{des} \end{array}\right\} \rightarrow \textbf{en}$$

pas de ..., plus de ...

Vous prenez du sucre ? — Non, je ne prends **pas de** sucre.

Mais :

Vous aimez le sucre ? — Non, je n'aime pas le sucre.

$$\left.\begin{array}{l} \text{du ...} \\ \text{de la ...} \\ \text{de l'...} \\ \text{des ...} \end{array}\right\} \rightarrow \text{pas de ..., plus de ...}$$

Place du pronom

Je peux prendre ce livre ? — Oui, prends-**le**.
Je peux prendre cette lettre ? — Oui, prends-**la**.
Je peux prendre ces pommes ? — Oui, prends-**les**.

$$\text{Je} \left\{\begin{array}{l} \text{le} \\ \text{la} \\ \text{les} \end{array}\right\} \text{prends} \rightarrow \text{Prends-}\left\{\begin{array}{l} \text{le} \\ \text{la} \\ \text{les} \end{array}\right.$$

Verbes

boire		mettre	
Je bois	Nous buvons	Je mets	Nous mettons
Tu bois	Vous buvez	Tu mets	Vous mettez
Il Elle } boit	Ils Elles } boivent	Il Elle } met	Ils Elles } mettent

Passé composé

VERBES			VERBES		
	chanter :	Je chante, **J'ai chanté**		**recevoir** → **J'ai**	**reçu...**
	dessiner			**attendre**	attendu
	travailler			**voir**	vu
	... **-er**			**boire**	bu
	choisir :	Je choisis, **J'ai choisi**		**mettre**	mis
	dormir			**prendre**	pris
	grossir			**conduire**	conduit
	maigrir			**...**	...

Test

Complétez (*du, de la, de l'; le, la, les*).

1. À midi, J'ai mangé ... viande. — **2.** Aujourd'hui, ... oranges sont chères. — **3.** Vous prenez ... sucre ? — Non merci, je préfère ... café sans sucre. — **4.** Si vous voulez maigrir, faites ... gymnastique. — **5.** Vous aimez ... beurre ? — **6.** Pour préparer ce plat, il faut ... jambon. — **7.** Michel me demande ... argent. — **8.** À midi, je bois toujours ... café.

Complétez *(en ; le, la, les).*

1. — Vous aimez le poulet ?
   — Oui, j'... mange toutes les semaines.
2. — Tu as de l'argent ?
   — Oui, j'... ai pris à la banque ce matin.
3. — J'ai lavé les pommes de terre et je ... ai
   épluchées.

4. — Il y a de la bière ?
   — Oui, Philippe ... a acheté ce matin.
5. — Pierre, où sont tes chaussures ?
   — Je ... ai mises dans ma chambre.
6. — Vous n'avez pas d'oranges ?
   — Non, mais j'... reçois demain.

Continuez

MENU	Tomates grillées	→ Aujourd'hui on mange des tomates grillées
	Veau-pommes de terre	...
	Salade verte	...
	Fromage	...
	Gâteau au chocolat	...

Refaites ces phrases en remplaçant les mots en italique par « ce matin » ou « aujourd'hui » et en mettant le verbe au passé composé.

1. Philippe prend le métro *tous les matins.* — 2. Je bois du café *tous les jours* à 11 heures. — 3. Je reçois une lettre de mon père *toutes les semaines.* — 4. Pierre dort une heure *tous les jours* après déjeuner. — 5. *Tous les soirs* je rencontre Marie. — 6. Vous conduisez Pierre à l'école *tous les jours* ?

Annexes

LE PASSÉ COMPOSÉ

I. CONJUGAISON

- *Mettez le verbe au passé composé :*

1. Il (travailler) . . . . dans une usine de voitures. — 2. Ça y est, j' (trouver) . . . . un appartement ! — 3. Vous (télépho-ner) . . . . ? — 4. Ils (déménager) . . . . dimanche. — 5. Est-ce que tu (demander) . . . . à Béatrice de venir ? — 6. C'est Roger qui (préparer) . . . . le repas. — 7. Nous (louer) . . . . un quatre-pièces près de la Tour Eiffel. — 8. On (voir) . . . . une petite annonce très intéres-sante.

II. A LA FORME NÉGATIVE

- *Répondez aux questions suivantes (transformez aussi l'adjectif possessif si nécessaire) :*
  EXEMPLE : Est-ce que vous avez utilisé votre voiture ?
  — Non, nous *n'*avons *pas* utilisé notre voiture.
  Attention : "ne" + "avoir" + "pas" + participe passé

1. Est-ce que tu as trouvé ton ballon ?
   — Non, je . . . .

2. Est-ce qu'ils ont vu leur fils ?
   — Non, ils . . . .

3. Vous avez téléphoné à vos parents ?
   — Non, je . . . .

4. Est-ce qu'elle a payé son loyer ?
   — Non, elle . . . .

5. Vous avez porté vos livres à la bibliothèque ?
   — Non, nous . . . .

6. Est-ce que vous avez gardé sa voiture ?
   — Non, nous . . . .

7. Elle a trouvé ses amis ?
   — Non, elle . . . .

8. Est-ce que tu as choisi ton université ?
   — Non, je . . . .

III. AVEC UN PRONOM COMPLÉMENT D'OBJET

● *Répondez par "oui" et par "non" en remplaçant l'expression soulignée par le pronom :*

> EXEMPLE : Tu as vu *Pierre* ? — Oui, je l'ai vu.
>
>   — Non, je ne l'ai pas vu.
>
> **Attention :** Le pronom se place avant l'auxiliaire "avoir".

1. Tu as vu l'appartement ? — Oui, je . . . .

                     — Non, je . . . .

2. Il a payé son loyer ? — Oui, il . . . .

                     — Non, il . . . .

3. Vous avez emmené votre fils ? — Oui, nous . . . .

                     — Non, nous . . . .

4. Il a utilisé le camion ? — Oui, il . . . .

                     — Non, il . . . .

5. Tu as indiqué le prix du loyer ? — Oui, je . . . .

                     — Non, je . . . .

ANNEXE 10 (unité 2)

LA COMPARAISON (II)
PLUS DE, MOINS DE devant un nom

EXEMPLES : Il gagne *plus d'*argent que moi.
                     Je fais un régime, je mange *moins de* pain.
                     Maintenant, il y a *plus de* films récents à la télévision.

● *Complétez les phrases suivantes en utilisant "plus de" ou "moins de" :*

1. Mangez . . . . poisson et . . . . viande ! — 2. Cet appartement est plus cher mais il y a . . . . réparations à faire. — 3. Si tu prends cette grosse voiture, tu auras . . . . frais. — 4. Nous déménageons pour avoir . . . . frais qu'avec ce grand appartement. — 5. Ici, j'ai . . . . travail qu'à Paris : je vais au cinéma, je lis beaucoup. — 6. Pour maigrir, je mange . . . . sucre et je bois . . . . eau. — 7. Ici, nous avons . . . . amis. Alors nous ne sortons pas. — 8. Les étudiants veulent faire . . . . exercices de grammaire et . . . . conversation.

ANNEXE 11 (révision)

L'EXPRESSION DE LA QUANTITÉ (réemploi)

● *Complétez les phrases suivantes par une des   expressions de quantité ci-dessous :*

ne ... pas de	un peu de	à peu près	en petite quantité	du
ne ... plus de	beaucoup de		en grande quantité	

moins de	un morceau de	quelques	en petits morceaux	de la
plus de	un reste de	plusieurs	en gros morceaux	de l'
	combien de			des

1. Vous pouvez manger du pain mais . . . . — 2. Est-ce que je peux prendre . . . . fromage ? — 3. Je ne bois . . . . vin depuis trois mois ! — 4. Combien tu pèses ? — Je ne sais pas, ...60 kilos. — 5. Tiens, coupe le jambon . . . . — 6. Non, il n'a pas . . . . amis ici. — 7. Vous voulez encore . . . . café ? — 8. Je voudrais bien . . . . salade. — 9. Il possède . . . . appartements. — 10. Si vous avez . . . . poulet, vous pouvez l'ajouter. — 11. Il est ouvrier, il n'a pas . . . . .argent. — 12. Est-ce que vous prenez . . . . sucre ? — 13. On a . . . . argent à la banque. On peut acheter une voiture. — 14. Je mange seulement de la viande grillée et . . . . légumes. — 15. Vous mangez . . . . .bananes ! Ce n'est pas bon pour votre régime ! — 16. Il ne peut pas avoir ce prêt parce qu'il a . . . . 30 ans. — 17. Pour maigrir, il ne faut pas manger . . . . gâteaux à 4 h ! — 18. Vous avez vu . . . . films cette semaine ? — 19. Buvez de l'eau . . . . mais entre les repas. — 20. Je prends une tartine avec . . . . beurre.

LES PRONOMS COMPLÉMENTS D'OBJET (III)

I. LE, L', LA, LES ; EN. EMPLOI.

TOUT	Je mange	*l'* *mon* *cette*	orange	→	Je *la* mange.
	Je veux	*le* *ce* *son*	train	→	Je *le* veux.
	Je fais cuire	*les* *ces* *tes*	légumes	→	Je *les* fais cuire.
PARTIE	Je mange	*du*	pain.	→	J' *en* mange.
	Je veux	*de l'*	eau.	→	J' *en* veux.
	Je fais cuire	*des*	légumes.	→	J' *en* fais cuire.
QUANTITÉ PRÉCISE	Je mange	*une*	orange.	→	J' *en* mange *une*.
	Je veux	*deux*	œufs.	→	J' *en* veux *deux*.
	Ils ont	*plusieurs*	enfants.	→	Ils *en* ont *plusieurs*.
	Il a	*beaucoup d'*	amis.	→	Il *en* a *beaucoup*.
	J'ai	*un peu d'*	argent.	→	J' *en* ai *un peu*.

● *Répondez aux questions en utilisant le pronom qui convient :*

1. Alors, vous prenez cet appartement ? — Oui, nous . . . .

2. Il n'aime pas ma voiture ? — Non, il . . . .

3. Il faut deux gâteaux ? — Oui, il . . . .

4. Vous attendez Frédéric et Charles ? — Oui, nous . . . .

5. Elle boit du vin ? — Oui, elle . . . .

6. Ils ont une voiture ? — Oui, ils . . . .

7. Qui est-ce qui prépare le repas aujourd'hui ? — C'est moi qui . . . .

8. Tu mets un peu de lait ? — Oui, j' . . . .

9. Est-ce que vous mettez du beurre sur le steack ? — Oui, j' . . . .

10. Est-ce qu'il aime le chocolat au lait ? — Oui, il . . . .

II. *LE, L', LA, LES ; EN.* PLACE

1. Verbe à la forme négative
EXEMPLES : Et votre ami, on *ne* l' attend *pas* ?
Du café ? Non, je *n' en* prends *pas.*

● *Répondez à la forme négative :*

1. Tu aimes ce livre ? — Non, je . . . .

2. Tu as du fromage ? — Non, je . . . .

3. Hélène prend la voiture ? — Non, elle . . . .

4. Il a du travail ? — Non, il . . . .

5. Tu utilises ta balance ? — Non, je . . . .

6. Vous buvez de l'eau entre les repas ? — Non, je . . . .

7. On sert de l'alcool ici ? — Non, on . . . .

8. Ils prennent l'appartement de la rue Lamartine ? — Non, ils . . . .

2. Verbe au passé composé
EXEMPLES : Le loyer ? Oui, je *l'* ai payé.
Du fromage ? Oui, j'*en* ai acheté.

Le loyer ? Non, je ne *l'* ai pas payé.
Du fromage ? Non, je n'*en* ai pas acheté.

● *Répondez aux questions suivantes :*

1. Il a trouvé du travail ? — Oui, il . . . .

2. Tu as vu son nouvel appartement ? — Non, je . . . .

3. Vous avez mangé du poisson ? — Non, nous . . . .

4. Tu as pris de la salade ? — Non, je . . . .

5. Elle a vu le directeur ? — Non, elle . . . . —

6. Il a eu son permis de conduire ? — Non, il . . . . —

7. Vous avez demandé le programme ? — Non, nous . . . . —

8. Tu as acheté des fruits ? — Non, je . . . . —

Attention ! Le participe passé s'accorde avec les pronoms compléments d'objet direct "le", "l'", "la", "les", qui signalent le genre (masculin ou féminin) et le nombre (singulier ou pluriel).

J'ai vu le film.	→	Je l'ai vu.	} singulier	<	masculin
J'ai vu l'annonce.	→	Je l'ai vu*e*.			féminin
J'ai vu les 2 films.	→	Je les ai vu*s*	} pluriel	<	masculin
J'ai vu les annonces.	→	Je les ai vu*es*.			féminin

● *Répondez aux questions en utilisant le pronom qui convient et en faisant l'accord du participe passé si nécessaire :*

1. Tu as aidé Madame Leroy à déménager ? — Oui, je . . . .

2. Vous avez vu l'appartement de la rue Lepic ? — Non, nous . . . .

3. Ils ont emmené les enfants avec eux ? — Oui, ils . . . .

4. Qui a préparé la salade ? — C'est moi qui . . . .

5. Est-ce qu'il a reçu la lettre de son père ? — Non, il . . . .

6. Vous avez regardé les annonces ? — Oui, nous . . . .

7. Tu as rencontré M. et Mme Monnier ? — Oui, je . . . .

8. Est-ce qu'il a pris sa bicyclette ? — Non, il . . . .

REMARQUE : Il n'y a pas d'accord avec le pronom "en" :
Tu veux de la salade ? — Non merci, j'en ai déjà mangé.

3. Verbe suivi d'un infinitif

EXEMPLES : Ton ami, il faut *l'*attendre ?
Du sucre, il faut *en* acheter ?

Ton ami, il ne faut pas *l'* attendre ?
Du sucre, il ne faut pas *en* acheter ?

REMARQUE. Quand la construction est "faire" + infinitif, le pronom se place avant le verbe "faire" :
Pierre ? C'est moi qui *le* fais travailler.
Des haricots ? J'*en* fais cuire pour midi.

● *Répondez à la forme affirmative ou négative en utilisant le pronom qui convient :*

1. Est-ce qu'on peut faire du vélo ? — Non, on . . . .

2. Si tu veux voir Marie, elle est là. — Non, je . . . . —

3. Pierre veut manger du gâteau ?   C'est bizarre ! — Oui, il . . . .

4. Il faut mélanger la pomme et les haricots ?   — Oui, il . . . .

5. Tu veux faire ce travail ? — Non, je . . . .

6. Est-ce qu'il peut boire de l'alcool ? — Non, il . . . .

7. Il faut ajouter du citron ? — Oui, il . . . .

8. Qui est-ce qui fait cuire la viande ? — C'est Jacques . . . .

4. Verbe à l'impératif

a) Pronoms *le, (l'), la, les*

Exemples	Forme affirmative		Forme négative	
ramener quelqu'un	Ramène- Ramenons- Ramenez-	*le/la/les.*	Ne *le/l'/la/les*	ramène pas. ramenons pas. ramenez pas.
faire + infinitif	Fais- Faisons- Faites-	*le/la/les* cuire.	Ne *le/la/les*	fais pas cuire. faisons pas cuire. faites pas cuire.

b) Pronom *en*

Exemple	Forme affirmative		Forme négative	
prendre un/une **prendre** du/de l'/de la **prendre** des	Prends- Prenons- Prenez-	*en*	N' *en*	prends pas. prenons pas. prenez pas.

Attention ! Pour les verbes en "-er" ("acheter", "manger", "chercher", etc.), l'impératif est à la 2ème personne (tu):

Achèt*e* du lait.

Mang*e* des haricots verts.

Cherch*e* des exemples.

Mais si on utilise le pronom *en*, l'impératif à la forme affirmative s'écrit avec un "s" et on prononce [z] pour faire la liaison :

Achèt*es*-en.   Mang*es*-en. Cherch*es*-en.

● *Répondez à l'impératif et utilisez le pronom qui convient.*

1. Est-ce qu'il faut ajouter de l'eau ? — Non, ...

2. Je fais attendre Monieur Durand ? — Oui, ... s'i vous plaît.

3. Alors, est-ce qu'on prend cet appartement ? — D'accord, ...

4. Est-ce que j'attends les enfants ou non ? — Non, ...

5. Maman, où est-ce que je pose le plat ? — . . . . sur la table.

6. J'achète des croissants ? — . . . . si tu veux.

7. Il faut éplucher la pomme ? — Non, ...

8. Je peux manger du fromage ? — . . . . un petit morceau seulement.

II. *LUI, LEUR ; LUI, EUX ; ELLE, ELLES.* **EMPLOI ET PLACE**

L'utilisation des pronoms "le", "l'", "la", "les" (qui sont compléments d'objet direct), des pronoms "lui/leur" (qui sont compléments d'objet indirect) ou des pronoms disjoints "lui/leur", "elle/elles" dépend de la construction verbale. Observez bien le tableau suivant :

	Construction directe	Construction avec une préposition	
		Préposition *à*	Autre préposition
(il) (elle) (ils) (elles)	RAMENER Jean *le* ramène. Jean *la* ramène. Jean *les* ramène.	TÉLÉPHONER A Jean *lui* téléphone. Jean *leur* téléphone.	S'INSTALLER CHEZ Jean s'installe chez *lui*. Jean s'installe chez *elle*. Jean s'installe chez *eux*. Jean s'installe chez *elles*.
	AUTRES VERBES trouver rencontrer chercher aider attendre voir emmener	AUTRES VERBES demander à prêter à rembourser à indiquer à parler à montrer à	AUTRES VERBES partir avec habiter chez sortir après téléphoner chez

REMARQUE : La place des compléments d'objet indirect est la même que pour les pronoms compléments d'objet direct
- quand le verbe est à la forme négative (cf. page 11)
- quand le verbe est au passé composé (cf. page 11-12) mais *on ne fait pas l'accord du participe passé*
- quand le verbe est suivi d'un infinitif (cf. page 12)
- quand le verbe est à l'impératif (cf. page 13).

● *Complétez les phrases suivantes avec le pronom qui convient. Attention, il faut lire la phrase complète avant de choisir le pronom.*

1. Cette lettre, je . . . . .ai trouvée sur mon bureau. — 2. C'est lui qui . . . . aide à faire mes exercices. — 3. Ne téléphone pas chez . . . . après 10 h du soir : je dors ! — 4. Ils viennent chez nous dimanche, il faut . . . . indiquer l'adresse. — 5. Attends, Pierre veut . . . . montrer son nouveau livre. — 6. Où est la voiture ? Je ne . . . . vois pas ! — 7. Nous partons, est-ce que tu viens avec . . . . ? — 8. Je ne veux plus . . . . . prêter de l'argent : elle m'en demande chaque semaine ! — 9. Il sort à 5 heures mais moi, je sors après . . . . — 10. Il travaille ici ; demande- . . . . où est le bureau 25B. — 11. Si vous voulez, je peux . . . . ramener en voiture. — 12. Tu as 2 chambres? Alors, j'habite chez . . . . pendant quelques jours. D'accord ? — 13. Il ne faut pas . . . . attendre, ils viennent seulement après le dîner. — 14. Et tes amis, tu as vus ? — 15. Ils ont une agence : je travaille chez . . . .

5. DÉPART EN WEEK-END

1. Météo

« ... Et voici l'émission
de la Météorologie
nationale...

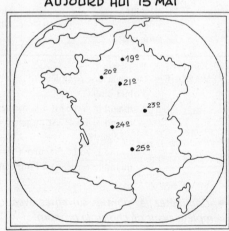

AUJOURD'HUI 15 MAI

... Il a fait beau
en France
aujourd'hui
et les températures
ont été plus élevées qu'hier
(22 degrés en moyenne)...

... Mais il y a eu des nuages
sur la côte du Sud-Ouest,
et des orages ont éclaté
dans la région de Bayonne...

DEMAIN 16 MAI LE MATIN

... Et voici maintenant
nos prévisions
pour demain 16 mai
et pour le week-end :
dans l'Ouest et le Sud,
il y aura du soleil...

DEMAIN 16 MAI L'APRÈS-MIDI

... Mais, dans le nord du pays,
le temps sera nuageux
le matin
et il pleuvra l'après-midi. »

2. Sur la route...

Hélène   Philippe,
la télévision a prévu
du beau temps
pour demain.
Philippe   La semaine dernière aussi,
et il a fait mauvais
pendant tout le week-end.

Hélène   On va quand même
en Bretagne?
Philippe   D'accord.
Je t'attendrai
au bureau à 7 heures.

« ...Il y a des embouteillages
à la sortie de Paris.
Sur l'autoroute de l'Ouest,
les voitures roulent
à 20 km/h (kilomètres à l'heure)...

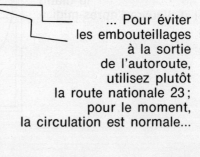

... Pour éviter
les embouteillages
à la sortie
de l'autoroute,
utilisez plutôt
la route nationale 23 ;
pour le moment,
la circulation est normale...

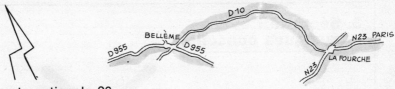

« ... quittez la route nationale 23
à La Fourche ;
... prenez la départementale 10 ;
... vous rejoindrez la route nationale 955
à Bellême. »

Philippe   Ce n'est pas drôle.
Hélène   Allons, ne t'énerve pas.
Dans quatre heures,
nous serons à Dinan.
Philippe   Pour le moment,
je respire de la fumée.

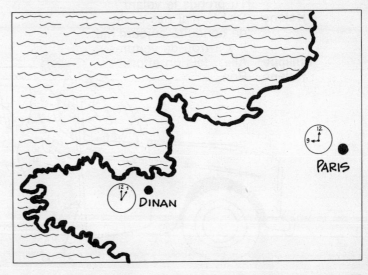

3. Sécurité : quelques conseils

Ne fumez pas.

Ne mangez pas de sandwiches en conduisant.

Ne buvez pas d'alcool.

Ne soyez pas trop pressé.

Vous avez roulé pendant deux heures : arrêtez-vous et reposez-vous.

Philippe	Je suis fatigué. Tu prends le volant ?
Hélène	Oh ! je n'ai pas envie de conduire aujourd'hui. Il y a trop de voitures.
Philippe	Allez, fais un effort.
Hélène	Bon.

Philippe   Attention, freine!

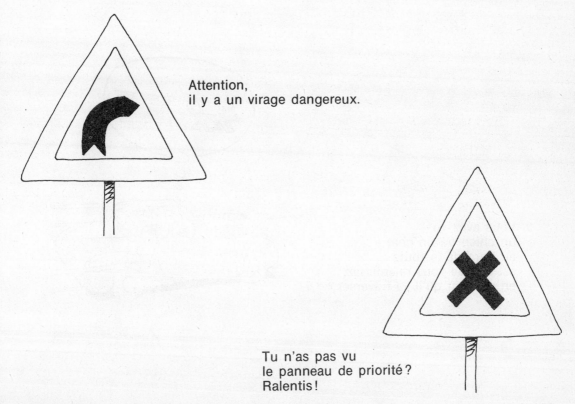

Attention,
il y a un virage dangereux.

Tu n'as pas vu
le panneau de priorité?
Ralentis!

4. Est-ce que vous êtes bon conducteur ?

1. Vous roulez depuis une heure
derrière un camion :
est-ce que vous êtes calme ?

2. Vous avez vu
un chien ou un chat
au bord de la route :
est-ce que vous ralentissez,
en pensant qu'il va traverser ?

3. Est-ce que
   vous accélérez
   quand une voiture
   essaie de vous dépasser ?

4. Vous voyez un automobiliste
   qui pousse sa voiture :
   est-ce que vous vous arrêtez ?

5. Est-ce que
   vous vous mettez en colère
   quand vos enfants
   salissent votre voiture
   en mangeant ?

Grammaire

Futur *il y aura du soleil,*
le temps sera nuageux, il pleuvra,
je t'attendrai...

Exercices

1

Passé composé

être, avoir, pleuvoir

Observez et répétez

Aujourd'hui
il pleut dans l'Ouest,
il y a du soleil dans le Sud,
il y a des nuages } dans le reste
le temps est nuageux } de la France.

Hier aussi
il a plu dans l'Ouest,
il y a eu du soleil dans le Sud,
il y a eu des nuages } dans le reste
le temps a été nuageux } de la France.

Dans le sud de la France
il fait toujours beau,
il y a quelques orages,
mais il ne pleut pas beaucoup.

Mais hier à Marseille
il n'a pas fait très beau,
le temps a été nuageux,
le soir, il y a eu un orage,
et il a plu pendant deux heures.

À vous : faites des émissions de météorologie

	hier	aujourd'hui
Dans le Nord	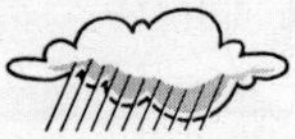	
Dans le Sud		
Dans l'Ouest		
Dans la région de Toulouse		

Rappel

Observez et répétez

— Il aime dessiner ?
— Oui, beaucoup. Il dessine tous les jours. Hier, par exemple, *il a dessiné* pendant deux heures.

— Pierre dort maintenant ?
— Non, *il a dormi* de 1 heure à 3 heures. Maintenant il joue.

Remplacez

dessiner → jouer (avec ses voitures), regarder la télévision.
dormir → dessiner, regarder la télévision, jouer.

Attention !

— Vous prenez le métro pour aller travailler ? — Non, je l'ai pris pendant des mois, mais maintenant je ne le prends plus. Je prends ma voiture. — Vous aussi, vous prenez votre voiture ? — Non, moi je l'ai prise pendant deux ans, mais maintenant je prends le métro.	— Tu as pris ton ballon ? — Oui, je l'ai pris. — Tu as pris ta voiture ? — Oui, je l'ai prise. — Tu as vu Michel ? — Oui, je l'ai vu. — Tu as vu Marie ? — Oui, je l'ai vue.

beau, beaux, belles

Observez et répétez

— Pierre, elle est à toi cette *voiture ?*
— Oui.
— C'est une belle voiture !

— Il est à toi ce *vélo ?*
— Oui.
— C'est un beau vélo !

Remplacez

voiture/vélo → camion, chien, livre, bicyclette (= vélo), chambre.

Observez et répétez

Pour faire cette recette, il faut (pour quatre personnes) :
    un beau poulet
    quatre belles pommes,
    deux belles tranches de jambon.

Transposez

→ ... il faut (pour huit personnes) :
    deux...
    ...
    ...

Futur

être, avoir, faire, pleuvoir

Observez et répétez

Dans le Sud   → Demain
il y a du soleil,   il y aura du soleil,
il fait chaud*,   il fera chaud,
le temps est beau.   le temps sera beau.

Dans le Nord   → Demain
il y a des nuages,   il y aura des nuages,
il pleut,   il pleuvra,
il fait mauvais.   il fera mauvais.

À vous maintenant

	aujourd'hui	demain
Dans le Sud	☀ 28° en moyenne	☀ 26° en moyenne
mais à Bayonne	🌧	🌧

être, venir, pouvoir

Observez et répétez

Michel : Je voudrais voir les Brisson.
Philippe : Ils seront chez nous demain soir.
 Viens dîner. Nous serons six.
Michel : Six ?
Philippe : Oui, Marie sera là !
Michel : Eh bien merci. Je viendrai.

Apprenez

Futur

être		venir	
Je	serai	Je	viendrai
Tu	seras	Tu	viendras
Il		Il	
Elle	sera	Elle	viendra
On		On	
Nous	serons	Nous	viendrons
Vous	serez	Vous	viendrez
Ils	seront	Ils	viendront
Elles		Elles	

Observez et répétez

— Tu seras *chez toi* à quelle heure *ce soir ?*
— Ce soir je serai chez moi à *8 heures*,
 8 heures et demie.
— Je pourrai te voir ?
— Si tu veux, viens !

Faites la même chose avec

bureau, demain, 9 heures
bibliothèque, cet après-midi, 3 heures

Apprenez

Je	pourrai	Nous	pourrons
Tu	pourras	Vous	pourrez
Il		Ils	
Elle	pourra	Elles	pourront
On			

2

Passé composé (rappel)

Observez et répétez

Pour aller à Dinan,
 on prend la route nationale 23,
 on la quitte à La Fourche,
 on prend la départementale 10,
 et on retrouve la route nationale à
 Bellème.

Futur (suite)

Observez et répétez

— Tu ne prends pas tes affaires maintenant ?
— Non, je les prendrai demain.
— Tu ne travailles pas aujourd'hui ?
— Non, je travaillerai demain.

Transposez

— Vous avez pris quelle route pour aller à Dinan ?
→ — On...
— Nous...
— Les Laurel ont pris quelle route pour aller à Dinan ?
→ — Ils... ont pris

Apprenez

Futur 2 regular

Je	prendrai	Je	travaillerai
Tu	prendras	Tu	travailleras
Il		Il	
Elle	prendra	Elle	travaillera
On		On	
Nous	prendrons	Nous	travaillerons
Vous	prendrez	Vous	travaillerez
Ils	prendront	Ils	travailleront
Elles		Elles	

La carte

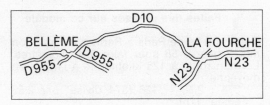

Continuez

— Pour aller à Dinan, il faut prendre quelle route ?
→ — Tu prendras...
→ — Vous prendrez...

Observez et répétez

— Alain m'a demandé d'aller le voir, mais je n'ai pas son adresse.
  — Pour aller chez lui,
    on prend le train gare de Lyon (le train de Fontainebleau),
    on s'arrête à Grand-Bourg ; il y a un café devant la gare ;
    on demande la rue du Château ;
    on prend cette rue ; il habite près de la pharmacie.

Transposez

— Pour aller chez lui, tu prendras...
→ Pour aller chez lui, vous prendrez...

Observez et répétez

— Tu mettras combien de temps pour aller chez lui ?
  — À peu près trois heures.

Apprenez

	mettre		
Je	mettrai	Nous	mettrons
Tu	mettras	Vous	mettrez
Il		Ils	
Elle	mettra	Elles	mettront
On			

Observez et répétez

Pour faire cette recette,
  vous prenez quatre pommes,
  vous les lavez,
  vous les épluchez,
  vous les mettez dans une casserole,
  vous ajoutez de l'eau et du sucre (huit morceaux),
  et vous les faites cuire.

Transposez

→ Pour faire cette recette
  vous prendrez...
  ...

laver
éplucher
cuire

une cuillère à café

Futur + *dans*

Paris, 7 h...

Paris	Chartres	Le Mans	Laval	Rennes
7 h	8 h 15	10 h 03	10 h 51	11 h 32

Faites des phrases sur ce modèle

On sera à Chartres à quelle heure ?
— À 8 h 15.

On sera à Chartres dans combien de temps ?
— Dans 1 h 15.

Moyennes

En train

Paris →	Rennes	2 h 58	374 km
Paris →	Lyon	3 h 47	512 km
Paris →	Bordeaux	3 h 50	581 km
Paris →	Marseille	6 h 39	863 km

Les Vingt-Quatre heures du Mans

ANNÉE	VAINQUEUR	DISTANCE	VITESSE MOYENNE
1973	Pescarolo	4.854 km	202 km/h
1974	Pescarolo	4.606,5 km	192 km/h
1975	Ickx	4.597,5 km	191,5 km/h
1976	Ickx	4.770 km	198,6 km/h

Faites des phrases sur ce modèle

Quand on va de Paris à Rennes en train, on met 2 heures 58 pour faire 374 kilomètres. Le train roule à 126 kilomètres à l'heure en moyenne :

374 : 2,58 = 126 (374 divisé* par 2,58 égale* 126).

→ Quand on va de Paris à Lyon...

Faites des phrases sur ce modèle

En 1973, c'est Pescarolo qui a gagné les Vingt-Quatre Heures du Mans. Il a fait 4 854 kilomètres en 24 heures. Cela fait une moyenne de 202 kilomètres à l'heure :

4 854 : 24 = 202 (4 854 divisé par 24 égale 202).

→ En 1974...

3

ralentir

Apprenez

présent	passé composé	futur
Je ralentis	J' ai ralenti	Je ralentirai
Tu ralentis	Tu as ralenti	Tu ralentiras
Il	Il	Il
Elle } ralentit	Elle } a ralenti	Elle } ralentira
On	On	On
Nous ralentissons	Nous avons ralenti	Nous ralentirons
Vous ralentissez	Vous avez ralenti	Vous ralentirez
Ils	Ils	Ils
Elles } ralentissent	Elles } ont ralenti	Elles } ralentiront

Impératif

être

Observez et répétez

— Tu viens avec nous ce soir ?
— Oui, si vous voulez bien.
— Alors sois prêt à 8 heures !

— Vous venez avec nous... alors soyez prêt à 8 heures !

Apprenez

être
Sois
Soyez

Verbes pronominaux *(s'arrêter, se reposer, s'énerver)*

Observez et répétez

— Moi, quand *je* conduis, je m'arrête tous les 100 kilomètres pour me reposer un peu.

Remplacez

je → il, Michel.

Observez et répétez

— Tu es fatigué ? Arrête-toi !
            repose-toi !
            ne t'énerve pas !

Transposez

Conseils de sécurité
Au volant, vous êtes fatigué ?
→ Arrêtez...
...
...

très, trop

Observez et répétez

— Vous n'achetez pas de *pommes ?*
  — Non, elles sont trop chères aujourd'hui.

Remplacez

pommes → raisin, bananes, gâteaux.

Observez et répétez

— J'ai vu un appartement rue Jasmin, mais je ne l'aime pas.
L'immeuble est vieux* (il a 35 ans),
les pièces sont petites,
le loyer est cher,
les frais sont élevés.

Transposez

— Vous ne prenez pas l'appartement de la rue Jasmin ?
→ — Non, l'immeuble est trop...
    ...
    ...

Complétez les phrases suivantes avec trop **ou** très

Alain est ... fatigué, mais il travaille quand même. — Nous ne prendrons pas cet appartement, le loyer est ... élevé. — Cet appartement est ... cher, mais la banque me prête de l'argent. — Je n'ai pas envie d'aller au cinéma, je suis ... fatiguée.

beaucoup de... trop de...

Observez et répétez

À Paris, il y a
    beaucoup de voitures,
    beaucoup d'embouteillages,
    beaucoup d'usines,
    et beaucoup de fumée.

Transposez

— Vous aimez Paris ?
→ — Non, il y a trop de voitures,
    ...
    ...
    ...

Observez et répétez

— J'ai grossi !
  — Tu manges trop de *pain !*

Remplacez

pain → fromage, bananes, pommes de terre, gâteaux.

4

salir, essayer

Apprenez

	présent		passé composé				futur	
J(e)	salis	essaie	ai	sali	ai	essayé	salirai	essaierai
Tu	salis	essaies	as	sali	as	essayé	saliras	essaieras
Il Elle On }	salit	essaie	a	sali	a	essayé	salira	essaiera
Nous	salissons	essayons	avons	sali	avons	essayé	salirons	essaierons
Vous	salissez	essayez	avez	sali	avez	essayé	salirez	essaierez
Ils Elles }	salissent	essaient	ont	sali	ont	essayé	saliront	essaieront

aller

Observez et répétez

— Tu vas à la bibliothèque aujourd'hui ?
— Non, j'irai demain.

Apprenez

J'	irai	Nous	irons	
Tu	iras	Vous	irez	
Il Elle On }	ira	Ils Elles }	iront	

Futur (rappel)

Observez et répétez

Quand on quitte Paris pendant le week-end,
    il y a des embouteillages,
    on ne peut pas dépasser,
    on s'énerve,
    les enfants sont fatigués,
    ils mangent dans la voiture,
    ils la salissent,
    on se met en colère.

Transposez

Ne quittez pas Paris vendredi soir,
→ il y aura des embouteillages,
vous...
...

Futur (*aller* + verbe à l'infinitif)

Observez et répétez

— *Tu* pars maintenant ?
— Oui, je vais partir tout de suite.
— Et toi ?
— Non, moi je ne vais pas partir ce
    soir. Je partirai demain.

Remplacez

Tu →	Il	Ils	Vous (je)
	Et lui ?	Et eux ?	Et vous (nous) ?

Observez et répétez

— Je suis fatigué !
  — Eh bien, retourne chez toi,
          regarde la télévision,
          dors,
          et ne travaille pas !

Transposez

→ Je suis fatigué
  je vais retourner chez moi,
  je...
  ...

Observez et répétez

— Qu'est-ce que vous faites pendant le
  week-end ?
  — Le samedi, je reste chez moi, je
  dors, je me repose.
  Le samedi soir, je dîne avec des
  amis.
  Le dimanche, je sors, je vais au
  cinéma.
  Le dimanche soir, je regarde la télévision.

Transposez

— Qu'est-ce que vous allez faire pendant le
  week-end ?
→ — Samedi, je vais...

— Qu'est-ce que vous ferez pendant le
  week-end ?
→ — Samedi, je resterai...

essayer de..., avoir envie de...

Observez et répétez

Hélène : Qu'est-ce que tu as ? Tu es
  malade ?
Philippe : Malade, non, mais je ne suis pas
  bien.
Hélène : Ne reste pas là... Fais un effort !
  Essaie de *travailler* un peu !
Philippe : Mais... je n'ai pas envie de
  travailler.

Remplacez

travailler → dormir un moment, se reposer, regarder la télévision.

VOULOIR + infinitif | ESSAYER DE / AVOIR ENVIE DE + infinitif

sa, son

Observez et répétez

— C'est la voiture d'Hélène ?
  — La voiture verte ? Oui, c'est sa
  voiture.

Faites la même chose avec

médecin, voiture blanche
directeur, voiture noire
secrétaire, voiture rouge

Observez et répétez

— C'est le *vélo* de Pierre ?
  — Oui, c'est son vélo.

Remplacez

vélo → chambre, chien, photo*, camion.

Synthèse

Passé composé

être : J'ai été	avoir : J'ai eu Il y a ... Il y a eu ...	faire : J'ai fait

Futur

travailler		choisir	prendre	mettre
Je travaillerai Nous travaillerons Tu travailleras Vous travaillerez Il } Elle } travaillera Ils } Elles } travailleront		Je choisirai	Je prendrai	Je mettrai ... ...

être	avoir	faire	aller	venir	pouvoir
Je serai Tu seras ...	J' aurai Tu auras ... Il y a. Il y aura	Je ferai Tu feras ...	J' irai Tu iras ...	Je viendrai Tu viendras ...	Je pourrai Tu pourras ...

Verbes pronominaux

Il faut te reposer. → Repose-toi. Il faut vous reposer. → Reposez-vous.	Il ne faut pas t'énerver. → Ne t'énerve pas. Il ne faut pas vous énerver. → Ne vous énervez pas.

Futur (*aller* + verbe à l'infinitif)

— Tu téléphones ? — { Oui, je vais téléphoner tout de suite.
{ Non, je téléphonerai demain.

Test

Mettez les verbes au passé composé.

1. Pierre ...   (téléphoner)
2. Il ... un orage.   (il y a)
3. Nous ... le mois dernier.   (déménager)
4. Marie-Claude ...   (maigrir)
5. Vous ...?   (choisir)

6. Qu'est-ce que tu ... dans ce plat ?   (mettre)
7. Michel ... un gâteau !   (faire)
8. Je ... le directeur.   (voir)
9. Pierre ... son lait.   (boire)
10. Philippe ... malade.   (être)

Mettez les verbes en italique au futur.

1. Vous *indiquez* votre nom. — 2. Tu *demandes* cette adresse à Pierre. — 3. Si vous voyez ce panneau, vous *ralentissez*. — 4. Je ne *peux* pas sortir demain. — 5. Tu *es* chez toi ce soir ? — 6. Je pars à la campagne. Vous *venez* me voir dimanche ? — 7. Je *vais* chez Pierre dans un mois. — 8. J'*ai* vingt ans dans deux jours. — 9. Pour aller en Bretagne, vous *prenez* l'autoroute de l'Ouest. — 10. Vous *remboursez* ce prêt en 15 ans.

ANNEXE 13 (unité 2)
VOCABULAIRE

● *Complétez les phrases suivantes :*

Hélène : Philippe, la télévision . . . . du beau temps pour demain.

Philippe : La semaine . . . . aussi et il a fait mauvais pendant tout le week-end.

Hélène : On va . . . . en Bretagne ?

Philippe : D'accord. Je t'attendrai . . . . bureau . . . . . 7 heures.

''... Il y a . . . . .à la sortie de Paris. Sur l'autoroute de l'Ouest, les voitures . . . . .20 km/h. Pour . . . . .à la sortie de l'autoroute, utilisez . . . . .la route nationale 23 ; pour le moment, la . . . . est normale ; . . . . .la route nationale 23 à la Fourche ; prenez la départementale 10 ; vous . . . . la route nationale 955 à Bellême''.

Philippe : Ce n'est pas drôle.

Hélène : Allons, ne . . . . .pas. . . . . quatre heures, nous serons à Dinan.

Philippe : Pour le moment, je . . . .

ANNEXE 14 (révision)
RÉEMPLOI DE *AUTRE*

● *Complétez les phrases suivantes :*

1. Je vois Pierre, Annie et Élizabeth, mais où sont . . . . ? — 2. Cet appartement est bien mais je préfère . . . . — 3. Regarde, ton verre est sale, prends donc . . . . verre ! — 4. Donnez-moi . . . . exemples s'il vous plaît ! — 5. Maintenant, elle veut . . . . voiture ! — 6. Vous pouvez manger des oranges, des pommes, mais . . . . fruits sont interdits ! — 7. Il n'aime pas ce livre, il en veut . . . . — 8. Vous voulez . . . . tartine ? — 9. Dans ce pays, les autoroutes sont bonnes mais . . . . routes sont très mauvaises. — 10. Je voudrais bien manger . . . . morceau de gâteau !

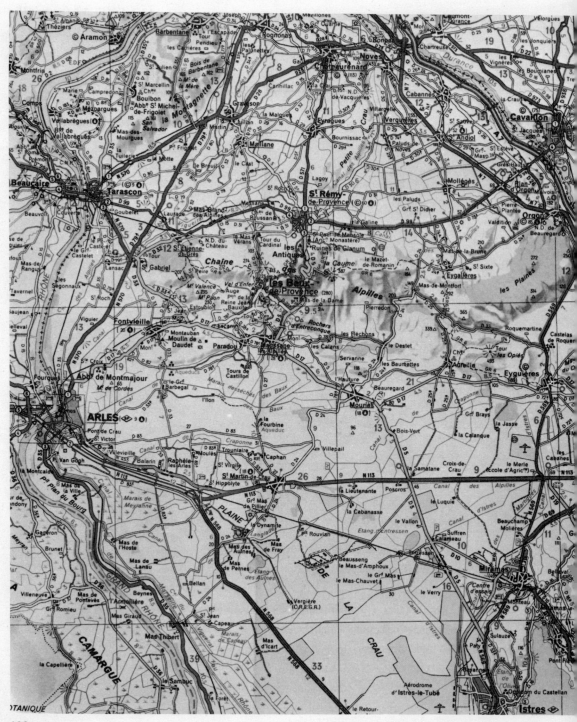

Extraits de la carte du PNEU MICHELIN N° 245 ("Provence - Cote d'Azur", échelle 1/200 000e), édition 1982.

Voir document pages 102 - 103

ANNEXE 16

LE PASSÉ COMPOSÉ
Emploi de l'auxiliaire *être* ou *avoir*

I. EMPLOI DE L'AUXILIAIRE *AVOIR* (révision)

● *Mettre les verbes au passé composé :*

1. Ça y est, j' (laver) . . . . la salade. — 2. Nous (voir) . . . .

plusieurs appartements ce matin. — 3. Ils (prendre) . . . . des sandwiches

pour manger en route. — 4. Hier, je (ne pas pouvoir) . . . . le voir. —

5. Est-ce que vous (faire) . . . . cuire les légumes ? — 6. Il (être) . . . .

. . . . malade pendant une semaine. — 7. En allant à Dinan, on (avoir) . . . .

de la pluie.

II. EMPLOI DE L'AUXILIAIRE *ETRE*

1. Avec un verbe de mouvement sans complément d'objet :

arriver - partir ; aller - retourner ; venir - revenir ; entrer - sortir ; rester.
Attention à l'accord du participe passé.

EXEMPLE :	je suis sorti(e)	nous sommes sorti(e)s
	tu es sorti(e)	vous êtes sorti(e)s
	il est sorti	forme de politesse : vous êtes sorti(e)
	elle est sortie	ils sont sortis
		elles sont sorties

● *Mettez les verbes au passé composé :*

1. Ils (aller) . . . . au cinéma. Ils seront là dans 1 heure. — 2. Pierre, tu

(partir) . . . . à quelle heure, ce matin ? — 3. Roger (retourner) . . . . .

. . . . dans l'Aveyron pour voir son père. — 4. Elle (rester) . . . .

chez moi pendant plusieurs semaines. — 5. Nous (ne pas venir) . . . .

. . . . parce qu'il a plu. — 6. Le train (arriver) . . . .

à 22 h 30 seulement ! — 7. Je (entrer) . . . . sans dire "bonjour". — 8

8. Vous (sortir) . . . . avant nous, Monsieur Lerain ?

2. Avec un verbe pronominal :

s'installer, s'énerver, se mettre en colère, s'arrêter, se reposer.

● *Mettez les verbes au passé composé :*

1. Elle (se reposer) . . . . pendant 1 heure ; mainte-nant ça va. — 2. Nous (s'arrêter) . . . . à Lyon pour manger. — 3. Marie-France (se mettre en colère) . . . . devant tous ses amis. — 4. Ils (s'énerver) . . . . dans les embouteillages. — 5. Monsieur Leroy, est-ce que vous (se reposer) . . . . ? — 6. Les deux voitures (s'arrêter) . . . . — 7. Les enfants ont sali la voiture alors il (se mettre en colère) . . . . — 8. Je (s'installer) . . . . ici pour être plus près de mon travail.

_____ ANNEXE 17 (révision)

L'EXPRESSION DU FUTUR

I. FUTUR PROCHE (*ALLER* + infinitif)

● *Complétez les phrases suivantes :*

1. C'est très nuageux ; il (pleuvoir) . . . . — 2. Attention, Pierre ! Je (se mettre en colère) . . . . ! — 3. Le poulet est cuit ; nous (manger) . . . . — 4. Qu'est-ce que tu (faire) . . . . ? Lui téléphoner ? — 5. Le loyer est trop élevé : ils (démé-nager) . . . .

II. FUTUR

● *Compléter les phrases suivantes :*

1. Prends la voiture ; moi, je (prendre) . . . . le métro. — 2. Pour démé-nager, nous (louer) . . . . un petit camion. — 3. On (faire) . . . . ça demain. — 4. Qui est-ce qui (garder) . . . . le chat pendant le week-end ? — 5. Elles (aller) . . . . au cinéma.

6. LA VOITURE

1. Interview de M. Debas, directeur des ventes chez Renault

Philippe	Monsieur Debas, pouvez-vous nous présenter votre entreprise?
M. Debas	Nous sommes une des plus grandes entreprises françaises : nous employons en effet plus de 100 000 personnes et notre chiffre d'affaires est supérieur à 33 milliards de francs. Notre production annuelle dépasse 1 200 000 voitures et camions.

RENAULT

EMPLOYÉS : 120 000
CHIFFRE D'AFFAIRES : 33 539 000 000 F
PRODUCTION : 1 218 358

Philippe	Quels sont vos meilleurs clients?
M. Debas	Nous fabriquons des voitures très différentes : des petites voitures, des voitures plus grosses.

Et nous en vendons à toutes
les catégories de Français.

D'autre part, nos exportations augmentent
chaque année.

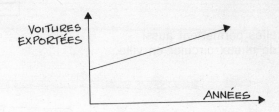

RENAULT EXPORTATIONS

VOITURES
EXPORTÉES

ANNÉES

Philippe
M. Debas
Parlons maintenant des conditions de travail.
Notre entreprise a toujours joué un rôle très
important. Ce sont les ouvriers de Renault qui
ont obtenu la semaine de 40 heures et les
congés payés. Bien sûr, il y a des problèmes.
Mais les conditions de travail sont quand même
bonnes.

2. Les petites voitures

Depuis 1973,
les entreprises automobiles françaises
vendent de plus en plus
de petites voitures.

En effet,
les petites voitures
consomment peu d'essence ;

l'assurance coûte moins cher ;

AVEC
ASSURANCE
AUTO
ROULEZ SANS PROBLÈMES

TOUS VOS FRAIS
SERONT REMBOURSÉS

elles permettent aussi
de mieux circuler en ville...

et de se garer plus facilement.

Sur la route, la vitesse est limitée :

elles rendent donc
autant de services que les grosses.

Ce sont surtout les jeunes
qui en achètent,
car elles sont très économiques.
Quand une famille
veut acheter
une deuxième voiture,
elle choisit aussi
une petite voiture.

Elles ont un gros succès
dans tous les pays européens,
qui manquent de pétrole :
grâce aux petites voitures,
ces pays peuvent en effet
diminuer leurs importations.

IMPORTATIONS FRANÇAISES DE PÉTROLE	
1973	135 M de tonnes
1974	130 M de tonnes

3. La 104

Pour vous, votre voiture,
c'est peut-être un souci.
Pas pour moi.
Ma 5 chevaux, elle marche,
et elle marche bien.
Je ne m'en occupe pas.

J'utilise de l'essence ordinaire
(elle consomme 6,2 litres à 90 km/h,
8,6 l à 120 km/h,
8,2 l en ville).

Je fais nettoyer le moteur
tous les 7 500 km,

NETTOYAGE MOTEUR	
KILOMÉTRAGE	DATES
7500 Km	15-2-79
15000 Km	7-8-79
22500 Km	12-4-80

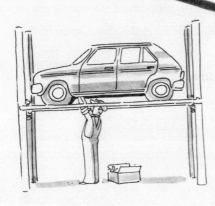

et je la fais examiner
tous les 15 000 km.

EXAMEN DE LA VOITURE	DATES
15 000 Km	JUIN 79
30 000 Km	MAI 80
45 000 Km	JUILLET 81

Elle n'est pas grande (3,50 m de long)
et je peux la garer partout.

Par contre, il y a beaucoup de place
à l'intérieur et dans le coffre :
on peut transporter des chiens,
des chats et les copains des enfants.

Ma 5 CV a encore
beaucoup d'avantages :
elle est sûre,
elle est facile à conduire.
Sur la route, elle est parfaite.

4. Le permis de conduire en France

En France, pour avoir le permis de conduire,
on doit passer deux épreuves :
— une épreuve théorique,
— une épreuve pratique.

Pendant l'épreuve théorique,
le candidat est interrogé
sur le code de la route.
Cette épreuve est certainement
la plus facile.

Pendant l'épreuve pratique,
le candidat
doit conduire une voiture :

il doit être capable
de tourner
à gauche ou à droite,

de se garer, etc.

Pour avoir le permis,
il faut bien sûr
réussir aux deux épreuves.
Mais beaucoup de candidats
doivent recommencer
l'épreuve pratique.
En effet, le jour de l'examen,
on est souvent énervé,
et on conduit
moins bien que d'habitude.

Grammaire

*Expression
de la quantité*   une des plus grandes
                  entreprises,
                  de plus en plus
                  de petites voitures,...
Possessifs   votre, notre, vos,
                  nos, ma, leurs...

Exercices

1

le plus..., un des plus...,
la plus..., une des plus...

Observez et répétez

La Renault 14, la Simca 1600, la Peugeot 504 sont des voitures très récentes.
Ce sont les voitures les plus récentes.
La Renault T 14 est une des voitures les plus récentes.

Observez et répétez

Les Brisson veulent déménager. Ils ont vu
des appartements très grands,
très récents,
très confortables
et... très chers !

Transposez

— Et ils ont choisi le plus grand ?
→ — Non, pas le plus grand, mais
un des plus grands,
un des plus...

Observez et répétez

Les Laurel veulent une voiture neuve*. Ils
ont vu des voitures récentes,
confortables,
très belles
et... très chères !

Transposez

— Et ils ont choisi la plus récente ?
→ — Non, pas la plus récente, mais
une des plus récentes,
une des plus...

le meilleur..., la meilleure...,
les meilleurs..., les meilleures...

Observez et répétez

ICI
ON VEND
DU BON *CAFÉ*
LE MEILLEUR CAFÉ DE LA RÉGION

Remplacez

café → fromage, tomates, bière, jambon.

plus de..., moins de... (rappel)

Observez

Paris.........	Rennes	311 km
Paris.........	Lyon	387 km
Paris.........	Reims	139 km
Paris.........	Tours	191 km
Paris.........	Vichy	295 km
Paris.........	Marseille	628 km

Faites des phrases à partir du tableau

De Paris à Rennes, il y a plus de 300 kilomètres.
De Paris à Lyon, il y a moins de 400 kilomètres.
De Paris à Reims,...

plus de... → supérieur à... → dépasser ; moins de... → inférieur à...

Observez

Salaires mensuels* (chiffres de 1977) Salariés* gagnant			
moins de	%	plus de	%
1 270 F	10 %	3 800 F	15,9 %
1 900 F	33,8 %	6 330 F	4,6 %
2 530 F	59 %	10 130 F	1,5 %
3 800 F	84,6 %		

Faites des phrases sur les modèles

10 % des salariés français { gagnent moins de 1 270 francs par mois.
ont un salaire inférieur à 1 270 francs par mois.

15,9 % des salariés français { gagnent plus de 3 800 francs par mois.
ont un salaire supérieur à 3 800 francs par mois.
ont un salaire qui dépasse 3 800 francs par mois.

c'est... qui

Observez et répétez

Richard fait tout chez lui !
　Il fait les réparations dans l'appartement.
　Il lave la voiture.
　Il conduit son fils à l'école.
　Il prépare les repas...

Transposez

→ C'est Richard qui fait tout chez lui. C'est lui qui...

votre (rappel)

Observez et répétez

Entre. démén. cherch. conduct. Écrire en indiq. nom, prénom, âge, adresse, prof.

Une entreprise de déménagement cherche un conducteur. Écrivez en indiquant votre nom, votre prénom, votre âge, votre adresse, votre profession.

Faites la même chose avec

Famille cherch. personn. garde enfants. Écrire en indiq. nom, prénom, âge, adresse, prof.

2

de plus en plus..., de moins en moins...

Observez et répétez

Tout augmente ! Les *loyers* sont de plus en plus chers.

Remplacez

loyers → voitures, transports, places de cinéma.

Observez et répétez

— Et votre fils, il dort bien ?
— Non, il *dort* de moins en moins.

Remplacez

dormir → manger, travailler.

mieux

Observez et répétez

Une voiture, c'est bien,
mais une *Renault*, c'est mieux !

Remplacez

Renault → Simca, Citroën, Peugeot.

leur, leurs

Observez et répétez

Quand Pierre part, il veut tout emmener avec lui :
    un ballon,
    un chien,
    une bicyclette,
    des voitures,
    des livres...

Transposez

→ Quand Pierre part, il veut tout emmener avec lui :
son ballon,
...

→ Quand Pierre et Évelyne partent, ils veulent tout emmener avec eux :
leur ballon,
...

plus de..., pas autant de... ;
moins bien..., mieux...

Observez et répétez

En ville,
    on respire moins bien qu'à la campagne,
    on se repose moins bien,
    on dort moins bien,
    on circule moins bien...
mais on a plus de cinémas,
        plus de restaurants,
        plus de théâtres*,
qu'à la campagne !

Transposez

→ À la campagne,
    on n'a pas autant de cinémas,
    ...
mais on respire mieux qu'en ville,
    ...

de plus en plus..., augmenter ; de moins en moins..., diminuer

Observez

Consommation par personne et par an (en kilos)			
	1959	1966	1974
Pain	100	84,5	70,8
Sucre	29,8	31,5	39,4
Pommes de terre	119,9	99,5	94,7
Fruits frais	34,3	52,6	61,1
Viande	68,8	79,3	89,7
Beurre	7,7	9,8	9,8
Fromage	8,8	13,7	15
Vin ⎱ en litres	100	115,1	103
Bière ⎰	39,5	39,7	41,4

Faites quelques phrases sur les modèles

En 1959, les Français ont consommé 100 kilos de pain par personne. En 1966, 84 kilos 500. En 1974, 70 kilos 800.

→ Les Français consomment de moins en moins de pain.
La consommation de pain diminue.

3

faire + infinitif

Observez et répétez

— Pierre est malade. Il faut le faire examiner.

Complétez avec faire et le verbe proposé

La télévision ne marche pas. Il faut ... (réparer). Pierre ne va pas à l'école aujourd'hui. Il faut ... (garder). Les enfants ont sali la voiture. Il faut ... (nettoyer).

s'en occuper

Observez et répétez

— J'ai vraiment trop de problèmes !
— Qu'est-ce qu'il y a ?
— Il y a... la voiture à conduire au garage, le téléphone qui ne marche pas, le loyer à payer, les réparations à faire faire dans la salle de bain !

Faites des dialogues sur ce modèle

— Mais... la voiture, Philippe ne s'en occupe pas ?
— Non, c'est moi qui m'en occupe ! Je m'occupe de tout !

Observez et répétez

```
———— Agence Gervais ————
Vous voulez louer un appartement ?
Ne vous en occupez pas tout seul !
L'agence Gervais
s'en occupera mieux que vous !
```

Remplacez

louer un appartement ⎰ →	déménager
	acheter une voiture
	prendre une assurance

s'occuper de lui, d'elle

Observez et répétez

La secrétaire : Monsieur, il y a *une personne qui vous attend.*
Le directeur : Je ne peux pas m'occuper d'elle. Je n'ai pas le temps !

La secrétaire : Monsieur, il y a une personne qui vous attend.
Le directeur : Occupez-vous d'elle, Mademoiselle !

Remplacez

une personne qui vous attend } →	un client qui veut vous voir plusieurs clients qui attendent une personne qui veut entrer plusieurs personnes qui veulent entrer.

tous les...

Observez et répétez

— Pour penser à tout —
Donner un cachet à Pierre à 8 h, 10 h, midi, 2 h, 4 h, 6 h.
Voir le médecin le 15 décembre, le 15 mars, le 15 juin.
Conduire la voiture au garage le 1er décembre, le 1er avril, le 1er août.

Continuez

Hélène donne un cachet à Pierre toutes les deux heures.
→ Elle voit...
→ Elle conduit...

facile à...

Observez et répétez

Achetez la R 4.
  On la conduit,
  on l'utilise,
  on la gare,
  on la revend*... sans problèmes !

Transposez

Achetez la R 4.
→ C'est une voiture facile à...
    ...

mon, ma, mes ; ton, ta, tes ; son, sa, ses

Attention

Féminin	Masculin
C'est ma voiture *mais :* C'est mon école mon + { a... e... i... o... u...	C'est mon directeur

Observez et répétez

— Que fait Monsieur Bertin ?
    — Il est directeur d'une agence à Paris.
— Je pense qu'il a des problèmes en ce moment.
    — Oui ! son agence ne marche pas très bien.

Faites la même chose avec

Monsieur Daraut, entreprise de transports (Toulouse).
Monsieur Millet, théâtre (Rennes).
Monsieur Saubon, usine (Lille).
Monsieur Gerbaud, banque (Paris).

4

il faut, on doit, vous devez ; il ne faut pas, on ne doit pas, vous ne devez pas

Observez et répétez

Quand on voit ce panneau,
  { il faut s'arrêter.
  { on doit s'arrêter.
Quand vous voyez ce panneau,
  { il faut vous arrêter.
  { vous devez vous arrêter.

Faites la même chose avec

■ rouge
■ bleu

le plus, la plus

Observez et répétez

Christine : Moi, j'ai envie
    d'une grosse voiture,
    d'une belle voiture,
    d'une voiture récente !

Didier : Moi, je préfère
    une voiture confortable,
    une voiture économique,
et une voiture facile à conduire.

Transposez

— Un bon conseil : quand vous voulez acheter une voiture,
    n'achetez pas la plus...
    achetez plutôt la plus...

assez souvent, plus souvent, mieux

Observez et répétez

— Je ne conduis pas bien !
    — Parce que tu ne *conduis* pas assez souvent. Quand tu conduiras plus souvent, tu conduiras mieux.

Remplacez

conduire → dessiner, parler.

Observez et répétez

— Christine ne *conduit* pas bien !
    — Parce qu'elle s'énerve trop. Quand elle s'énervera moins, elle conduira mieux !

Remplacez

conduire → dormir, travailler.

Le passif

Observez et répétez

On interroge le candidat sur le code de la route.
On demande Monsieur Brunet chez le directeur.
On attend Madame Garrel au secrétariat*.
On appelle tous les candidats à 9 heures.
On ne vend plus cette voiture depuis deux ans.

Transposez

→ Le candidat est interrogé sur le code de la route.
...

être capable de, en être capable

Observez et répétez

— Tu penses que Christine *aura son permis?*
  — Non, elle n'en est pas capable.
— Mais si*, moi je pense qu'elle en est capable.
  — On verra bien !

Remplacez

avoir son permis } → { apprendre le code de la route
garer cette grosse voiture
conduire dans Paris
circuler sans problèmes

Synthèse

Expression de la quantité

	ADJECTIFS	NOMS	VERBES	ADVERBES
Jean	est *très* fatigué	a *beaucoup* d'amis	sort *beaucoup*	sort *très* souvent
	est *trop* fatigué	a *trop* d'amis	sort *trop*	sort *trop* souvent
+	est *plus* fatigué *que* Luc	a *plus* d'amis *que* Luc	sort *plus que* Luc	sort *plus* souvent *que* Luc
−	est *moins* fatigué *que* Luc	a *moins* d'amis *que* Luc	sort *moins que* Luc	sort *moins* souvent *que* Luc
=	est *aussi* fatigué *que* Luc	a *autant* d'amis *que* Luc	sort *autant que* Luc	sort *aussi* souvent *que* Luc
↗	est *de plus en plus* fatigué	a *de plus en plus* d'amis	sort *de plus en plus*	sort *de plus en plus* souvent
↘	est *de moins en moins* fatigué	a *de moins en moins* d'amis	sort *de moins en moins*	sort *de moins en moins* souvent
C'est lui qui	est *le plus* fatigué	a *le plus* d'amis	sort *le plus*	sort *le plus* souvent
	est *le moins* fatigué	a *le moins* d'amis	sort *le moins*	sort *le moins* souvent

REMARQUES

Paul gagne *plus de* 5 000 F par mois.
Son salaire est *supérieur à* 5 000 F par mois.
Son salaire *dépasse* 5 000 F par mois.

(Aujourd'hui il a fait *plus de* 30⁰)

(La température a été *supérieure à* 30⁰).

(La température *a dépassé* 30⁰).

Pierre gagne *moins de* 3 000 F par mois.
Son salaire est *inférieur à* 3 000 F par mois.

Paul gagne *de plus en plus* d'argent.
Son salaire *augmente.*

Paul gagne *de moins en moins* d'argent.
Son salaire *diminue.*

Ce gâteau est *très bon.*
Ce gâteau est *meilleur* que les autres.
Ce gâteau est *le meilleur.*

Pierre travaille *très bien.*
Pierre travaille *mieux* que les autres.
C'est Pierre qui travaille *le mieux.*

Verbes

vendre		obtenir		employer	
Je vends	Nous vendons	J' obtiens	Nous obtenons	J' emploie	Nous employons
Tu vends	Vous vendez	Tu obtiens	Vous obtenez	Tu emploies	Vous employez
Il Elle } vend	Ils Elles } vendent	Il Elle } obtient	Ils Elles } obtiennent	Il Elle } emploie	Ils Elles } emploient

Possessifs

┌──── NOMS AU SINGULIER ────┐

	singulier		pluriel	
1ʳᵉ personne	**ma** voiture (fém.)		**notre** voiture	
	mon école (fém.)		école	
	mon bureau (masc.)		bureau	
2ᵉ personne	**ta** voiture		**votre** voiture	
	ton école		école	
	ton bureau		bureau	
3ᵉ personne	**sa** voiture		**leur** voiture	
	son école		école	
	son bureau		bureau	

┌──── NOMS AU PLURIEL ────┐

	singulier	pluriel
	mes livres pommes	**nos** livres pommes
	tes livres pommes	**vos** livres pommes
	ses livres pommes	**leurs** livres pommes

Test

Transformez les phrases en utilisant *très, beaucoup, beaucoup de...*

1. Il y a des immeubles qui n'ont pas d'ascenseur. — **2.** Quand on habite en banlieue, les transports sont longs. — **3.** Elle grossit. — **4.** Déménager, c'est fatigant. — **5.** Il a du travail. — **6.** C'est un film intéressant. — **7.** C'est lourd.

Transformez les phrases en utilisant *c'est... qui.../qu'...*, et *le plus..., la plus..., le meilleur..., le mieux...*

Exemple : À Brest il pleut beaucoup. → C'est à Brest qu'il pleut le plus.

1. Dans le Sud-Ouest, il y a beaucoup d'orages. — **2.** Pierre roule très vite. — **3.** Pour le moment il y a beaucoup d'embouteillages sur l'autoroute A 6. — **4.** Ce virage est très dangereux. — **5.** Monsieur Berriet joue un rôle très important. — **6.** Marie chante très bien. — **7.** Michel a une très bonne voiture.

Utilisez le possessif qui convient.

1. Vous avez ... voiture ? — **2.** Pierre ne veut pas prêter ... train. — **3.** J'ai un problème : ... propriétaire ne veut pas faire de réparations dans l'appartement. — **4.** J'ai demandé un prêt à ... banque. — **5.** Il ne peut pas conduire : il n'a pas ... permis. — **6.** Vous voulez maigrir ? Alors, faites attention à ... aliments. — **7.** Tu peux me montrer ... recette ? — **8.** Pierre, mets tes chaussures. — **9.** Pierre n'a pas mangé ... morceau de viande. — **10.** Quand est-ce que vous avez pris ... congés ? — **11.** Pierre n'a pas mangé ... tartine. — **12.** Gérard Grieux a des problèmes : ... entreprise ne marche pas.

Documents complémentaires

L'industrie automobile française

	CHIFFRE D'AFFAIRES	PRODUCTION	EXPORTATION
CHRYSLER FRANCE	5 milliards 610 millions	510 653	302 700
PEUGEOT	11 milliards 821 millions	758 570	365 000
CITRÖEN	11 milliards 695 millions	679 249	305 046

Pour une conduite économique

Le prix de l'essence a encore augmenté ! Alors, comment faire des économies en utilisant sa voiture ?

● Les économies*, on les fait d'abord quand on achète et quand on vend sa voiture. Un conseil : si vous achetez une voiture d'occasion*, n'achetez pas une voiture de l'année. Préférez une voiture d'un an, qui a fait 10 000 kilomètres, par exemple ; c'est moins cher. Ne revendez pas une voiture trop tard* : si vous dépassez 40 000 km, vous aurez des réparations à faire, et donc des frais.

● Ne roulez pas trop vite : sur beaucoup d'automobiles, vous consommez moins de 8 litres aux 100 km à 90 de moyenne, et plus de 14 litres à 130.

— N'utilisez pas votre « starter ». Partez quand votre moteur est chaud.
— Roulez à une vitesse régulière*. Ne freinez pas trop souvent.
— Ne « poussez » pas vos vitesses, surtout la 1re et la seconde.
— N'attendez pas le dernier moment pour dépasser.
— Ne prenez pas de « super » quand ce n'est pas utile : le « super » coûte beaucoup plus cher que l'essence ordinaire. Beaucoup de voitures roulent très bien à l'essence ordinaire.

Annexes

L'EXPRESSION DE LA DURÉE : *DEPUIS, PENDANT*

1. Action non terminée : on exprime la durée postérieure à l'action ;

   DEPUIS + verbe au présent

   ▷———6 mois———▶   l'action continue dans le présent

   EXEMPLE : je travaille ici depuis 6 mois.

2. Action terminée : on exprime la durée de l'action elle-même ;

   PENDANT + temps au passé composé

   |———6 mois———| l'action est terminée

   EXEMPLE : j'ai travaillé ici pendant six mois

AUTRES EXEMPLES

1. **Depuis** 15 jours, je ne mange plus de pain.   ▷———15 jours———▶

    Nous roulons **depuis** une heure derrière un camion.   ▷———1 heure———▶

    Depuis 1973, les entreprises françaises vendent de
    plus en plus de petites voitures.

    ▷————————————————▶
    1973 .... aujourd'hui

2. J'ai fait un régime **pendant** un an. |——1 an——|

    Vous avez roulé **pendant** deux heures : arrêtez-vous
    et reposez-vous. |——2 heures——|

    Elle a été malade **pendant** plusieurs jours. |—plusieurs jours—|

● *Complétez les phrases suivantes en mettant le verbe au temps qui convient :*

1. Nous (rouler) *Roulon* . . . . . depuis 4 heures : les enfants veulent s'arrêter. — 2.
J'(avoir) . . . *J'ai* . . . . cette voiture depuis 6 mois seulement mais je veux la vendre.
— 3. Pendant les congés, nous (aller) *sommes allés* au Portugal : il a fait très beau.
— 4. Depuis plusieurs années, nous (louer) . *louons* . . . . un garage près de la maison.
— 5. Elle (être) . *a été* . . . . . professeur pendant 15 ans, maintenant elle est journaliste. — 6. Ils (habiter) *ont habité* . rue de Belleville pendant plusieurs années. —
7. Depuis 1979, ils (habiter) . . *habitent* . . . . rue de Rivoli. 8. Je (ne plus fumer) *ne fume plus*
. . . . depuis le mois de décembre. — 9. Je (l'attendre) *J'l'ai attendu* . pendant plus d'une heure, et il n'est pas venu ! — 10. On (être) . . . *On a* . . . . . . là depuis
plus d'une heure, est-ce que le directeur va nous recevoir oui ou non ?

TOUT, TOUTE, TOUS, TOUTES

MASCULIN { SINGULIER : J'ai regardé *tout* le programme.
{ PLURIEL : J'ai regardé *tous* les films.

FÉMININ { SINGULIER : J'ai mangé *toute* la salade.
{ PLURIEL : J'ai mangé *toutes* les pommes.

● *Complétez :*

1. Il pleut *toutes* . . les week-ends ! — 2. C'est lui qui a préparé . . *tout* . . . le repas. — 3. En prenant cette petite route, nous avons évité les embouteillages. — 4. Je lui téléphone . . . *toute* . les heures. — 5. Nous resterons à Paris . . . *toute* . la semaine. — 6. . . *Tous* . nos amis sont partis. — 7. Tu as bu . . . *tout* . . . le café ? ! — 8. J'ai déménagé . . *toute* . seule.

LA COMPARAISON (récapitulation)

+	verbe	Je mange *plus que* toi.			
	nom	J'ai *plus d'*amis *que* toi.			
	quantité	Ça coûte *plus de* 100 francs.			
	adjectif	Il est *plus* petit *que* Pierre	BON	→	MEILLEUR
	adverbe	On va *plus* vite *qu'*en voiture.	BIEN	→	MIEUX
—	verbe	Je mange *moins que* toi.			
	nom	J'ai *moins d'*amis *que* toi.			
	quantité	Ça coûte *moins de* 100 francs.			
	adjectif	Il est *moins* grand *que* Pierre.	BON	→	MOINS BON
	adverbe	On va *moins* vite *qu'*en voiture.	BIEN	→	MOINS BIEN
=	verbe	Je mange *autant que* toi.			
	nom	J'ai *autant d'*amis *que* toi.			
	adjectif	Il est *aussi* grand *que* Pierre.	BON	→	AUSSI BON
	adverbe	On va *aussi* vite *qu'*en voiture.	BIEN	→	AUSSI BIEN
↗	verbe	Il travaille *de plus en plus*.			
	nom	Il a *de plus en plus de* soucis.			
	adjectif	C'est *de plus en plus* drôle.	BON	→	verbe S'AMÉLIORER (1)
	adverbe	Il roule de *plus en plus* vite.	BIEN	→	DE MIEUX EN MIEUX
↘	verbe	Il travaille *de moins en moins*.			
	nom	Il a *de moins en moins de* soucis.			
	adjectif	C'est *de moins en moins* drôle.	BON	→	DE MOINS EN MOINS BON
	adverbe	Il roule *de moins en moins* vite.	BIEN	→	DE MOINS EN MOINS BIEN

LE +	verbe	C'est lui qui parle *le plus*.	
	nom	C'est lui qui gagne *le plus* d'argent.	
	adjectif (2)	C'est *le plus* économique. / C'est *un des plus* économiques.	
		BON → C'est *le MEILLEUR* / C'est *un des MEILLEURS*.	
	adverbe	C'est elle qui va *le plus* vite.	
		BIEN → C'est elle qui travaille *le MIEUX*.	
LE −	verbe	C'est lui qui parle *le moins*.	
	nom	C'est moi qui gagne *le moins* d'argent.	
	adjectif	C'est *le moins* économique. / C'est *un des moins* économiques.	
		BON → C'est le *MOINS BON*. / C'est *un des MOINS BONS*.	
	adverbe (2)	C'est elle qui va *le moins* vite.	
		BIEN → C'est elle qui travaille le *MOINS BIEN*.	
ÉQUIVALENTS	PLUS DE ... →	SUPÉRIEUR A ..., DÉPASSER ...	
	MOINS DE ... →	INFÉRIEUR A ..., NE PAS DÉPASSER ...	

(1) On ne dit pas "de plus en plus bon", mais "s'améliorer"

Exemple : "Son expression orale s'améliore".

(2) Avec l'adjectif on utilise "le", "la", "les".

Exemple : "le/la plus économique" ; "les plus économiques".

● *Complétez les phrases suivantes en utilisant un élément de comparaison :*

1. Claire est une bonne élève, c'est la . . . *meilleure* . . . . élève de la classe. —
2. Ça va bien mais ça ira . . *mieux* . . dans quelques jours, après tous les examens. — 3.
Vous aurez . *plus en plus* . *de* . problèmes avec cette vieille voiture ! — 4.
Non, nous n'avons pas d'appartement . . . . *plus* . . . grand à vous proposer. — 5. Il
gagne . *le moins de* . 5 000 francs par mois. — 6. Achetez plutôt une 4 L, c'est *plus*
économique ! — 7. Vous savez, ici le métro n'est pas . *aussi* . . . . . sûr qu'à Paris.
8. Écoute, au bureau, je travaille . . *autant* . . . que toi, alors à la maison je mets la
table et tu prépares la salade ! — 9. Il ne s'occupe pas beaucoup de son agence : il a . *de moins*
. *en moins de* . clients. — 10. Pourquoi roules-tu . . *aussi* . . . . . .
vite ? Tu vas avoir un accident ! — 11. Elle fait un effort en français, alors, elle a de . *bon*
notes ; — 12. Par contre ses notes en maths sont toujours *les plus* . . . . mauvaises ! —
13. Il y a des pommes à 4 francs et des pommes à 5,20 francs : qu'est-ce que je prends ? - Tu
prends *les moins* . . . . . chères, elles seront aussi bonnes ! — 14. Tu dois manger
un peu . . . *plus de* fruits et un peu *moins* . . . . gâteaux ! — 15. Aujour-
d'hui, il a fait . . . . *moins* . . beau qu'hier. Nous n'avons pas pu sortir ! — 16. Est-ce
que tu comprends . . . . l'utilisation du pronom "en" maintenant ? — 17. Tu
es . . . . *la plus* . . . . belle ! — 18. Cette émission, c'est l'émission . *est* . . .
la plus . intéressante de la télévision française. — 19. Il ne peut pas passer son permis de
conduire : il a donc . *moins de* . 18 ans.

LA FORME PASSIVE

AU PRÉSENT : On fabrique toutes les 104 ici. = Toutes les 104 *sont fabriquées* ici.
AU PASSÉ : Le professeur a interrogé l'étudiant. = L'étudiant *a été interrogé* par le professeur.
AU FUTUR : L'assurance remboursera tous vos frais. = Tous vos frais *seront remboursés*.

● *Mettez les verbes entre parenthèses à la forme passive :*

        1. Le loyer (payer) *est payé* tous les trois mois.

AU PRÉSENT 2. Le prêt (rembourser) *est remboursé* par ses parents.

        3. Beaucoup de nos voitures (exporter) *sont exportées* en Afrique.

        4. Ces 2 films (choisir) *sont choisis* par les étudiants.

AU PASSÉ   5. Du mauvais temps (annoncer) *a été annoncé* pour le week-end.

        6. Tout (prévoir) *a été prévu* pour partir en Bretagne mais Pierre est malade !

        7. Votre voiture (réparer) *a été réparée* dans 3 jours.

AU FUTUR   8. Vous (employer) *serez employé* pendant les vacances seulement.

        9. Nous (interroger) *serons interrogé* sur quoi ?

L'EXPRESSION DE LA DURÉE (1ère étape) :
PENDANT, EN, DANS, DEPUIS

TABLEAU I

1. On indique la durée de l'action ELLE-MEME

	PASSÉ COMPOSÉ (accompli) (1)	PRÉSENT (accomplissement)(2)	FUTUR
PENDANT	J'ai travaillé pendant 10 ans.	On rembourse pendant 10 ans.	On voyagera pendant 2 mois.
EN	On a fait le voyage en 2 jours.	On fait le voyage en 2 jours.	On fera le voyage en 2 jours.

2. On indique la durée antérieure à l'action

	PASSÉ COMPOSÉ (accompli)	PRÉSENT (accomplissement)	FUTUR
DANS			On sera à Dinan dans 2 heures.

3. On indique la durée postérieure à l'action

	PASSÉ COMPOSÉ (accompli)	PRÉSENT (accomplissement)	FUTUR
DEPUIS		Je ne mange plus de pain depuis 15 jours.	

(1) accompli : l'action est terminée (événement dans le passé).
(2) accomplissement : l'action continue (situation dans le présent).

● *Mettez le verbe au temps qui convient :*

1. Il est allé à Paris et il (travailler) . *a travaillé* . pendant 2 mois chez Renault. —
2. Vous (réparer) . *réparerez* . ma voiture en combien de temps ? Je la veux pour partir en vacances samedi prochain. — 3. Nous (habiter) . *habitons* . ici depuis 4 ans. — 4. Il arrive demain et il (rester) . *resterez* . pendant combien de temps ? — 5. J'ai eu un accident, je (rester) *suis resté* . à l'hôpital pendant plusieurs semaines. — 6. Elle (avoir) . *a* . son permis de conduire depuis 15 ans. — 7. Nous (arriver) . *arriverons* . dans 1 heure ou deux. — 8. Ma voiture est en panne alors Jacques (me prêter) . *prêterez* . sa voiture pendant quelques jours. — 9. Je (ne plus aller) . *ne vais plus* . à l'université depuis 3 ans maintenant. — 10. Je suis pressé : je (devoir faire) . *dois faire* . ce travail en 2 jours.

civilisation

dossier 1, n° 1

dossier 1
n° 2

dossier 2, n° 2

A. Schaeffer-Larousse

B. Civet-Larousse

dossier 2, n° 1

dossier 3

J. V. Saurma-Larousse

Ch. Sappa-Larousse

dossier 4
n° 2

de l'ail

dossier 4, n° 1

dossier 4, n° 3

Ch. Sappa-Larousse

dossier 5, n° 3

Ch. Sappa-Larousse

Ch. Sappa-Larousse

Ch. Sappa-Larousse

dossier 5, n° 4

dossier 6
n° 1

B. Civet-Larousse

dossier 6, n° 2

dossier 6, n° 3

dossier 6, n° 4

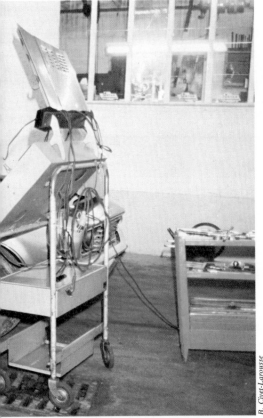

RENSEIGNEMENTS INFORMATION
RESERVATION

dossier 7, n° 1

un tapis roulant

dossier 7, n° 3

dossier 7, nᵒ 2

dossier 7, nᵒ 4

dossier 8, n° 2   **dossier 8,** n° 1

dossier 8, n° 3

dossier 8, n° 4

dossier 8, n° 5

dossier 9, n° 1

J. V. Saurma-Larousse

dossier 9, n° 2

dossier 9, n° 3

J. Riby-Larousse

dossier 9, n° 4

dossier 9, n° 5

dossier 10, nº 1

dossier 10, nº 2

dossier 10, nº 3

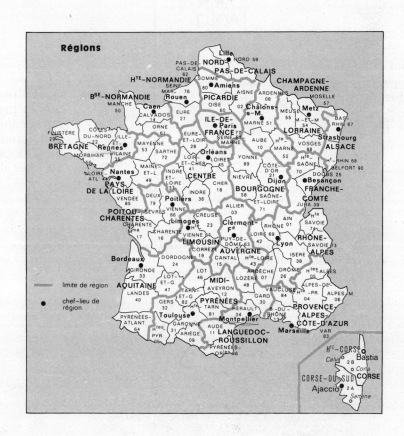

Régions

Lille
NORD • NORD 59
PAS-DE-
CALAIS
PAS-DE-CALAIS
H^{TE}-NORMANDIE SOMME CHAMPAGNE-
SEINE • Amiens ARDENNE
MAR. 76 80 AISNE ARDENNES
B^{SE}-NORMANDIE PICARDIE 02 Châlons- MEUSE Metz
MANCHE Rouen OISE s-M. 55 M-ET-M 57
Caen 60 MARNE 51 54 BAS-
CALVADOS EURE ILE-DE- MARNE LORRAINE RHIN 67
50 14 27 FRANCE 77 Strasbourg
ORNE Paris EURE- H^{te} VOSGES ALSACE
FINISTÈRE CÔTES- ILLE- 61 ET-LOIR MARNE 88
29 DU-NORD 7 MAYENNE 28 SEINE- AUBE H^t-RHIN 68
22 53 SARTHE Orléans ET-M. 10 SAÔNE BELFORT 90
BRETAGNE Rennes VILAINE 72 LOIR- LOIRET YONNE CÔTE- 70 DOUBS 25
MORBIHAN 35 ET-CHER 45 89 D'OR Besançon
56 Nantes MAINE- 41 NIÈVRE 21 FRANCHE-
LOIRE ET-L CENTRE CHER 58 Dijon COMTÉ
PAYS 49 INDRE- 18 BOURGOGNE SAÔNE-
DE LA LOIRE VENDÉE DEUX- ET-LOIRE 71 JURA 39
85 79 Poitiers INDRE 36 ALLIER
SÈVRES VIENNE 03 AIN H^{te}
POITOU- 86 CREUSE 01 SAVOIE
CHARENTES CHARENTE 23 Clermont- RHÔNE 74
Mme Limoges H^{te} F^d LOIRE 69 SAVOIE 73
17 16 VIENNE PUY-DE- 42 Lyon RHÔNE-
CHARENTE 87 LIMOUSIN DÔME-63 ALPES
CORRÈZE AUVERGNE H^{te}-LOIRE ISÈRE
Bordeaux DORDOGNE 19 CANTAL 43 38
GIRONDE LOT 15 ARDÈCHE DRÔME H^{tes} ALPES
33 ET-G 46 07 26 05
LANDES LOT- MIDI- LOZÈRE ALPES-DE-
AQUITAINE 40 ET-G 48 VAUCLUSE H^{te}-PR. ALPES-M
47 TARN- AVEYRON 84 04 06
GERS 82 12 GARD PROVENCE-
PYRÉNÉES- 32 PYRÉNÉES HÉRAULT 30 B-DU- ALPES-
ATLANT Toulouse TARN 34 RHÔNE CÔTE-D'AZUR
64 H^{tes} GARONNE 81 Montpellier 13 VAR
PYR ARIÈGE AUDE Marseille 83
66 31 09 11 LANGUEDOC-
PYRÉNÉES- ROUSSILLON
OR^{les} 66
H^{TE}-CORSE
Calvi 2 B Bastia
CORSE-DU-SUD Corte CORSE
Ajaccio 2 A
Sartène

— limite de région

• chef-lieu de région

7. VACANCES

1. Programme

Hélène	Quand est-ce que tu prends tes vacances, cette année?
Philippe	Sans doute au mois d'août.

Hélène	Qu'est-ce qu'on fait?
Philippe	Il y a longtemps qu'on n'a pas voyagé.

Hélène	C'est vrai. Ça fait deux ans qu'on passe nos vacances en France.
Philippe	On pourrait aller à Malte.

Hélène Tu as vu les photos
que Bernard a prises
l'an dernier ?

Philippe Oui, celles qu'il m'a montrées
sont très belles.

Hélène Et il paraît qu'il n'y a
pas trop de touristes.

Philippe Tu crois que tes parents
pourront garder Pierre ?

Hélène Ma mère doit me téléphoner
cette semaine.
Je vais lui demander.

Philippe Et tu pourrais passer
une dizaine de jours
chez tes parents
à la fin du mois
de juillet.

Hélène D'accord. Tu viendras
me rejoindre
pendant le week-end.

2. Les vacances des Français

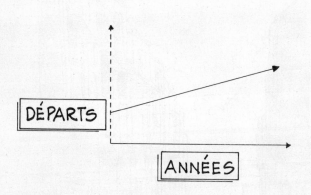

L'I.N.S.E.E.[1]
vient de publier
des chiffres
sur les vacances
des Français.

Le nombre de ceux
qui partent
augmente régulièrement
chaque année.

Il y a seulement
25 % des agriculteurs
qui prennent
des vacances,
mais, dans les villes
qui ont entre 20 000
et 100 000 habitants,
53 % de la population
part en vacances.

C'est à Paris
que les chiffres
sont les plus élevés :
78 % des Parisiens
quittent la capitale
pendant leurs congés.

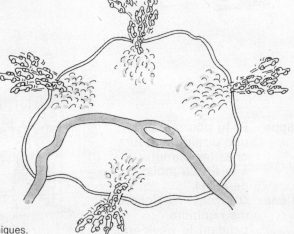

(1) Institut national de statistique et d'études économiques.

86 % de ceux qui partent
prennent leurs vacances
en été et 85 % des départs
ont lieu entre le 28 juin
et le 27 août.
82 % des Français
passent leurs vacances d'été
en France et 18 %
partent à l'étranger.

En France, les touristes vont surtout
au bord de la mer.

30 % choisissent la campagne,
car elle permet
de passer des vacances en famille,
sans dépenser trop d'argent.

12 % vont à l'hôtel,
15 % en location,
8 % ont une maison secondaire.

36 % sont invités chez des amis
ou des parents,

21 % font du camping.

3. Conseils de la S.N.C.F.

(Société nationale des chemins de fer français)

DÉPART GRANDES LIGNES					
TRAIN	Nᵒ	DESTINATION	DÉPART	VOIE	À CE TRAIN
EXPR. 1ᵉ et 2ᵉᵐ cl	3763	LE CROISIC	13H48	6	SERVICE RESTAURATION
EXPR.	3615	BREST	14H30	5	
1ᵉ et 2ᵉᵐ cl.	6537	LE MANS	15H10	5	REPAS À LA PLACE

Vous partez en vacances :

On vous donnera
tous les renseignements
concernant votre horaire,
au guichet de la gare,
ou par téléphone.

Dans les gares les plus importantes,
vous pouvez aussi vous adresser
au bureau « Informations ».

Pour éviter une attente trop longue
au guichet, achetez votre billet
plusieurs jours à l'avance.

Pour être sûr d'avoir une place
dans le train que vous avez choisi,
il vaut mieux la réserver.

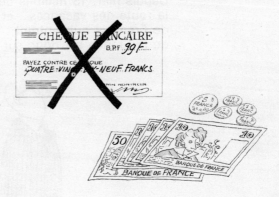

Pour payer, vous pouvez donner
un chèque,
si la somme dépasse 100 francs.
Sinon, il faut payer en argent liquide.

Hélène	Vite, ma valise.
	Je suis en retard.
Philippe	Mais non, le train
	ne part qu'à 8 h.
Hélène	Il est déjà là.
Philippe	Non, ce n'est pas celui
	que tu prends.

4. 31 juillet

← Ceux qui partent en vacances...

Ceux qui rentrent de vacances... ⟶

23 millions de Français
se croisent sur les routes.

pass

Depuis hier, 13 millions de Français ont pris
la route des vacances... et il y a 10 millions
de Français qui rentrent : la moitié
de la France est donc sur les routes !

Le ministre des Transports ne va pas faire
de miracles et les spécialistes
de la circulation disent
que leur travail est... impossible !

Alors, si vous partez ou si vous rentrez chez vous, nous avons un seul conseil à vous donner : soyez prudents.

Avant les grands départs, nous avons interrogé environ 800 conducteurs sur les problèmes de sécurité : 70 % d'entre eux sont favorables à la ceinture de sécurité, et 60 % des personnes interrogées pensent qu'il faut limiter la vitesse sur les routes.

Et pourtant, les Français ne respectent pas les limitations de vitesse : le week-end dernier, la police a arrêté 5 000 conducteurs pour excès de vitesse.

Grammaire

Pronoms : *celles qu'il m'a montrées,*
ceux qui partent, celui que tu prends...
Pronoms personnels : *je vais lui demander...*

Exercices

1

lui

Observez et répétez

Christine : Je suis seule à Paris, mais j'ai
beaucoup d'amis : Marie, Didier,...
    Ils me téléphonent souvent.
    Ils me parlent de leur travail.
    Ils me présentent leurs amis.
    Ils me prêtent des livres.
    Ils me rendent toujours service !

Transposez

→ Christine est seule à Paris mais elle a...
   Ils lui...

→ Didier est seul à Paris mais il a...
   Ils lui...

both pour him + her

lui / le, l', la, l', les

Observez et répétez

— Tu n'as pas de voiture ?
   — Non, je l'ai prêtée à Paul.

— Paul prend le train ?
   — Non, je lui ai prêté ma voiture.

Complétez avec le, la, l', les ou lui

— Tu n'as plus ta R 10 ? — Non, je ... ai
   vendue à Patrick.

— Patrick a encore sa 2 CV ? — Non, je ...
   ai vendu ma R 10.

— Tu as vu le directeur de l'école ? — Oui,
   je ... ai demandé le programme de l'année.

— Tu as le programme ? — Oui, je ... ai
   demandé au directeur.

— Hélène a demandé à Patrick de venir
   chez vous, mais elle ne ... a pas indiqué
   votre adresse.

— Hélène a votre adresse, mais elle ne ... a
   pas indiquée à Patrick.

le, la, l' ; que, qu'

Observez et répétez

J'ai *une maison* en Bretagne,
  que je l'ai achetée il y a 6 ans,
  que je l'ai habitée pendant 4 ans,
  que je ne l'utilise plus,
    mais je la prête à des amis !

que

Transposez

→ J'ai une maison en Bretagne que j'ai
   achetée il y a 6 ans, ...

Remplacez

une maison → un appartement

celle que..., celles que...

Observez et répétez

> Vous aimez les belles voitures ?
> Nous avons celle que vous *cherchez*.

> Nous *vendons* des voitures
> et toutes celles que nous vendons
> sont parfaites.

Remplacez

> chercher → attendre, vouloir
> vendre → louer, présenter

2

il y a..., venir de...

Observez et répétez

— Alain a téléphoné.
  — Il y a combien de temps ?
— Il y a 10 minutes.

— Alain a téléphoné.
  — Il y a longtemps ?
— Non, il vient de téléphoner.

he just called up

Faites la même chose avec

Marie est partie au bureau (1/2 heure).
Les Aubry ont déménagé (15 jours).
Béatrice a passé son permis de conduire (24 heures).

ceux qui..., celles qui...

Observez et répétez

— J'ai vu beaucoup d'*appartements*, des
  appartements grands,
           confortables,
           avec le téléphone
           et un garage.

Transposez

→ ... mais ceux qui sont grands,
        ceux qui...
    ...
    sont trop chers pour moi.

Remplacez

> appartements → maisons

ceux qui... = les personnes qui...

Observez et répétez

En vacances, quand on a beaucoup d'argent, on va à l'hôtel.
Quand on a un peu d'argent, on prend une location.
Quand on n'a pas beaucoup d'argent, on fait du camping.
Quand on n'a pas d'argent, on reste dans son appartement.

Transposez

Ceux qui ont beaucoup d'argent vont à l'hôtel.
→ ...

ceux qui..., celles qui... ;
ceux que..., celles que...

Complétez

Achetez des fruits mais n'achetez pas ... sont trop chers. — J'aime les enfants mais je préfère ... sont calmes. — Les petites voitures sont ... consomment le moins d'essence. — J'ai envie d'un appartement plus grand mais... j'ai vus sont trop chers. — J'aime les maisons de vacances, surtout... sont au bord de la mer, mais toutes ... j'ai vues sont trop chères pour moi.

c'est... que...

Observez et répétez

C'est à Paris que les chiffres sont les plus élevés.

Répondez aux questions, en relisant le texte « Les vacances des Français » (Livre de textes, page 82).

Quand est-ce que le plus grand nombre des Français prennent leurs vacances ? — À quel moment est-ce que les départs sont les plus nombreux ? — En France, où est-ce qu'il y a le plus de touristes ?

sans + infinitif

Observez et répétez

Une personne de 50 ans :

Ah les jeunes ! Ils veulent gagner de l'argent, mais ils ne veulent pas travailler. Est-ce qu'on peut gagner de l'argent sans travailler ?

Complétez avec sans + infinitif

Un patron* de restaurant :

Ah les touristes ! Ils veulent bien manger, mais ils ne veulent pas dépenser d'argent. Est-ce qu'on peut... ?

Un vendeur de voitures :

Ah les clients ! Ils veulent avoir une belle voiture, mais ils ne veulent pas payer cher. Est-ce qu'on peut... ?

3

avoir de l'avance / du retard

Observez et répétez

— Le train arrive.
— Il est à l'heure ?
— Non, il a du retard, 10 min de retard.

— Le train arrive.
— Il est à l'heure ?
— Non, il est en retard, il a 10 min de retard.

Faites la même chose avec

Heure prévue	Heure d'arrivée
10 h	10 h 10
9·h 20	9 h 25
15 h 15	15 h
16 h 14	16 h 22

celui qui..., celle qui... ;
celui que..., celle que...

Observez et répétez

Je n'aime pas ce *fromage* ! Je préfère celui que j'ai mangé hier.

Je n'aime pas cette *bière* ! Je préfère celle que j'ai bue hier.

Remplacez

fromage	→	viande, poisson, gâteau.
bière	→	café, vin, jus d'orange, thé.

Observez et répétez

Pour avoir le permis de conduire, tous les candidats passent une épreuve théorique. Mais...
si on ne s'arrête pas quand il faut,
si on ne freine pas quand il faut,
si on ne ralentit pas quand il faut,
si on se gare devant une sortie de garage, on doit recommencer l'épreuve pratique !

Transposez

→ Celui qui ne s'arrête pas...
...

moi, m' ; lui, de lui, d'elle

Observez et répétez

Christine : Mes parents s'occupent beaucoup de moi. Cette année,
ils m'ont acheté une voiture,
ils m'ont loué un appartement,
ils m'ont trouvé un travail intéressant,
ils m'ont cherché un petit hôtel
et ils m'ont réservé une chambre pour
· les vacances.

Transposez

→ Didier : Les parents de Christine s'occupent beaucoup d'...
...

Remplacez

Christine → Marc

donnez-moi..., donnez-lui..., sinon...

Observez et répétez

Si vous ne lui donnez pas ces renseignements, elle ne pourra pas partir.
Si vous ne lui réservez pas une place dans le train, elle restera à Paris.
Si vous ne lui téléphonez pas, il va attendre et s'énerver.
Si tu ne me dis pas ce que tu veux, je ne pourrai pas t'aider.

Transposez

→ Donnez-lui ces renseignements, sinon elle ne pourra pas partir.

→ ...

le plus... (rappel) ; *c'est... qui...* (rappel)

Observez et répétez

Alain parle toujours de lui...
Il a un appartement très confortable,
    une maison de campagne très belle,
    des enfants très intelligents,
    une voiture très récente.

Transposez

→ Il a l'appartement le plus confortable.
   ...

→ C'est lui qui a l'appartement le plus confortable.
   ...

4

celui qui..., celui que...

Observez et répétez

Monsieur Delor a réservé une chambre dans un bon hôtel.
    Il a demandé les journaux du soir.
    Il a réservé une table* au restaurant.
    Il a choisi un bon vin...

À partir de ces renseignements, faites des phrases sur le modèle

— Voilà votre chambre, Monsieur ! C'est bien celle que vous avez réservée ?
— Voilà vos journaux...

celui de..., ceux de... ;
celle de..., celles de...

Observez et répétez

Voilà la voiture de Patrick,
    les valises de Christine,
    le chien des Girard,
    la chambre de Pierre,
    les livres de Michel,
    la bicyclette d'Évelyne.

Faites des dialogues sur le modèle

— C'est à Patrick cette voiture ?
   — Oui, oui, c'est celle de Patrick !

Observez et répétez

— Et votre *chiffre d'affaires ?*
— Celui de cette année est supérieur à celui de l'an dernier.

Remplacez

> chiffre d'affaires → production, exportations

lui, leur

Observez et répétez

— Tu as téléphoné à *Béatrice ?*
—Non, pas encore.
— Alors, je lui téléphone, je lui demande de venir dîner et je lui dis que je la ramènerai chez elle.

Remplacez

> Béatrice → les Laurel, Didier, tes parents

158

Complétez avec le, la, l', les **ou** leur

— Tu n'as plus ta R 10 ?
  — Non, je ... ai vendue à Patrick.
— Patrick et Christine ont toujours leur 2 CV ?
  — Non, je ... ai vendu ma R 10.

— Tu as vu les professeurs ?
  — Oui, je ... ai demandé le programme.
— Tu as vu le programme ? — Oui, je ... ai demandé aux professeurs.

— Hélène a demandé à Patrick et à Christine de venir chez vous, mais elle ne ... a pas indiqué votre adresse.
— Hélène a votre adresse, mais elle ne l'... pas indiquée à Patrick et Christine.

Lexique

Complétez

Cette année, notre entreprise a vendu beaucoup de voitures : nos ... ont augmenté de 10 %. — Vous pouvez louer un camion. La ... coûte 0,90 F par km. — Les Français conduisent trop vite. La police a arrêté 2 000 conducteurs pour ... de vitesse. — Le train ne part pas ? C'est bizarre ! Le ... est pourtant prévu pour 12 h 15. — Les Français consomment beaucoup de sucre. De 1959 à 1974 la ... par personne et par an a augmenté de 10 kilos. — Quand on attend, on s'énerve ; alors évitez les ... trop longues au guichet. Réservez par téléphone ! — Quelles sont les ... de la météo pour demain ? Je crois qu'on a prévu du beau temps.

Synthèse

Verbes

	présent		passé composé				futur	
J(e)	rejoins	crois	ai	rejoint	ai	cru	rejoindrai	croirai
Tu	rejoins	crois	as	rejoint	as	cru	rejoindras	croiras
Il Elle	rejoint	croit	a	rejoint	a	cru	rejoindra	croira
Nous	rejoignons	croyons	avons	rejoint	avons	cru	rejoindrons	croirons
Vous	rejoignez	croyez	avez	rejoint	avez	cru	rejoindrez	croirez
Ils Elles	rejoignent	croient	ont	rejoint	ont	cru	rejoindront	croiront

Pronoms compléments

3ᵉ personne : verbes construits avec *à*

Je parle souvent **à** { François. / Martine. / François et Martine.

— Vous voyez souvent { François ? / Martine ? } — Oui, et je **lui** parle souvent

— Vous voyez souvent { Martine et François ? } — Oui, et je **leur** parle souvent.

masculin singulier	féminin singulier
lui	
masculin pluriel	féminin pluriel
leur	

Tableaux récapitulatifs

Type de verbe	SINGULIER		
	1re personne	2e personne	3e personne
	Masculin Féminin	Masculin Féminin	Masculin Féminin
connaître **parler à...**	Il **me** connaît Il **me** parle *Voir Dossier II*	Il **te** connaît Je **te** parle	Je **le** connais Je **la** connais Il **lui** parle

Type de verbe	PLURIEL		
	1re personne	2e personne	3e personne
	Masculin Féminin	Masculin Féminin	Masculin Féminin
connaître **parler à...**	Il **nous** connaît Il **nous** parle *Voir Dossier III*	Il **vous** connaît Il **vous** parle	Je **les** connais Il **leur** parle

IMPÉRATIF	
attendre : attends-moi -nous attends-le -la -les	**téléphoner à... :** téléphone-moi -nous téléphone-lui -leur

celui qui... ; celui de... ; celle que... ; celle de...

— C'est à Pierre, ce ballon ? { — Oui, c'est **celui que** je lui ai acheté.
  — Oui, c'est **celui de** Pierre.

— C'est à Pierre, cette voiture ? { — Oui, c'est **celle que** je lui ai achetée.
  — Oui, c'est **celle de** Pierre.

masculin singulier	masculin pluriel	féminin singulier	féminin pluriel
celui qui...	ceux qui...	celle qui...	celles qui...
celui que...	ceux que...	celle que...	celles que...
celui de...	ceux de...	celle de...	celles de...

Test

Employez le pronom qui convient.

1. Où sont tes livres ? — Je... ai portés à la bibliothèque. — **2.** Pierre reste à la maison. C'est Béatrice qui va... garder. — **3.** Tu prends du lait ? — Non merci, je n'... veux pas. — **4.** Pierre veut venir chez..., il faut... indiquer ton adresse. — **5.** Il y a des limitations de vitesse. Mais les conducteurs ne... respectent pas. — **6.** Elle est seule. Il faut s'occuper d'... — **7.** Ce n'est pas le problème de Patrick. Ça ne... concerne pas. — **8.** Marie est malade. Je vais... porter des livres.

Composez des phrases avec les verbes proposés en utilisant *celui qui, que, qu'...,* *celle qui..., celles qui..., ceux qui...*

1. Mangez des fruits, mais évitez... *(faire grossir).* — **2.** ... *(ramener ses amis après un bon repas)* ne doit pas boire. — **3.** La police arrête des voitures. Tiens, elle a arrêté... *(venir de)* nous dépasser. — **4.** Demande une pomme à Marie ;... *(acheter)* sont toujours très bonnes. — **5.** Les fruits sont de plus en plus chers, mais le raisin est... *(augmenter le plus).* — **6.** Quelles sont les voitures qu'on vous achète le plus ? — La R 5 est... *(vendre le mieux pour le moment).*

Document complémentaire

Vacances pour tous ?

Maurice L... et Didier M... sont jeunes. Moyenne d'âge : 25 ans. Ils sont employés à la poste de Paris-Brune. Ils sont de Marmande — jeunes provinciaux* que l'administration* a fait venir à Paris.

La capitale, la grande ville, c'est pour eux, avec leur petit salaire, une chambre à 500 F par mois, et de longs après-midi, le dimanche, dans les rues de Paris.

Les vacances ? Est-ce que c'est le repos, les voyages ? Non.

« Je voudrais partir dans le Midi avec des copains, dit Maurice ; aller un peu en Italie ou en Espagne. Je travaille depuis le mois d'octobre, mais je ne réussis pas à faire des économies. Alors j'irai sans doute chez moi, dans le Sud-Ouest. »

« Moi, ajoute Didier, j'ai essayé de faire des économies pendant un mois : un repas sur deux, pas de cinéma, pas de café. J'ai mis de côté* la moitié de mon salaire : 800 F. Mais j'ai entamé* mes économies pour payer d'autres frais... ; alors, moi aussi, j'irai passer un mois chez mes parents à la campagne... »

I. EMPLOI DES MARQUES TEMPORELLES AVEC LE PASSÉ COMPOSÉ

	FORME AFFIRMATIVE ① →	FORME NÉGATIVE
ACTION = SITUATION (verbe au présent)	On y va depuis 10 ans. Ça fait 10 ans qu'on y va. Il y a 10 ans qu'on y va.	On n'y va pas/plus depuis 10 ans. Ça fait 10 ans qu'on n'y va pas/plus. Il y a 10 ans qu'on n'y va pas/plus.
ACTION = ÉVÉNEMENT (verbe au passé composé)	② ③ → FORME AFFIRMATIVE On y est allé *il y a* 10 ans.	On n'y est pas/plus allé depuis 10 ans. Ça fait 10 ans qu'on n'y est pas/plus allé. Il y a 10 ans qu'on n'y est pas/plus allé.

① La transformation *Forme Affirmative* → *Forme Négative* permet d'exprimer deux réalités opposées.

② La transformation *Présent* → *Passé composé* renvoie l'action dans le passé : elle n'est plus considérée comme une *situation* qu'on vit encore mais comme un *événement* situé entièrement dans le passé.

③ La transformation *Forme négative* → *Forme affirmative* fait apparaître une nouvelle marque temporelle : *il y a*. Le verbe reste au passé composé. Mais attention !
"On n'y est pas allé depuis 10 ans."
et :
"On y est allé il y a 10 ans."
ne s'opposent pas.
C'est la même réalité qui est exprimée de 2 *manières différentes.*

II. TABLEAU II

1. On indique la durée de l'action ELLE-MÊME

	PASSÉ COMPOSÉ (accompli)	PRÉSENT (accomplissement)	FUTUR
PENDANT	J'ai travaillé pendant 10 ans.	On rembourse pendant 10 ans.	On voyagera pendant 2 mois.
EN	On a fait le voyage en 2 jours.	On fait le voyage en 2 jours.	On fera le voyage en 2 jours.

2. On indique la durée antérieure à l'action

	PASSÉ COMPOSÉ (accompli)	PRÉSENT (accomplissement)	FUTUR
DANS			On sera à Dinan dans 2 heures.

3. On indique la durée postérieure à l'action

		PASSÉ COMPOSÉ (accompli)	PRÉSENT (accomplissement)	FUTUR
IL Y A		On y est allé il y a 10 ans.		
DEPUIS ..., ÇA FAIT ... QUE, IL Y A ... QUE	Forme affirmative		On y va depuis 10 ans. Ça fait 10 ans qu'on y va. Il y a 10 ans qu'on y va.	
	Forme négative	On n'y est pas/plus allé depuis 10 ans. Ça fait 10 ans qu'on n'y est pas/plus allé. Il y a 10 ans qu'on n'y est pas/plus allé.	On n'y va pas/plus depuis 10 ans. On n'y va pas/plus depuis 10 ans. Il y a 10 ans qu'on n'y va pas/plus.	

● *Ajoutez à chaque phrase une précision temporelle introduite par :*
il y a, depuis, ça fait ... que, il y a ... que.
Choisissez la marque temporelle qui convient à la forme verbale de la phrase ; n'utilisez pas toujours la même si vous avez le choix.

1. On a fait un voyage en Italie. ...il y a 2 ans...........................

2. Nous habitons dans cet appartement. ça fait 2 ans depuis 2 ans
....

3. Je ne l'ai pas utilisé. . . . .

. . . .

4. Elle cherche un appartement. . . . .

. . . .

5. J'ai rencontré ses parents. . . . .

. . . .

6. Tu n'as pas reçu de lettres ? . . . .

. . . .

7. J'ai fait nettoyer le moteur. . . . .

. . . .

8. Ils ont une nouvelle voiture. . . . .

. . . .

9. Nous ne sommes pas allés à Dinan. . . . .

. . . .

10. Nous sommes dans un embouteillage. . . . .

. . . .

_____ ANNEXE 24 (unité 2)

LES PRONOMS DÉMONSTRATIFS
CELUI QUE, CEUX QUE, CELLE QUE, CELLES QUE

● *Complétez la réponse* :

1. Tu prends cet appartement ? — Oui, c'est . . . . je préfère. — 2. Vous gardez la chambre 23 ? — Oui, c'est . . . *celle* . . . . j'aime le mieux. — 3. Elle a choisi ces deux photos ? — Oui, ce sont . . . *celles* . . . . qu'elle veut. — 4. Tu regardes les vieux films seulement ? — Oui, ce sont . . . *ceux* . . . . je dois voir pour mes cours de cinéma.

● *Complétez l'annonce au singulier* :
EXEMPLE :   Vous voulez un travail intéressant ?
               Nous avons celui que vous cherchez.

1. Vous voulez un appartement confortable ?
Nous *Avons celui* . . . .

2. Vous voulez une résidence secondaire près de Paris ?
Nous . *celle* . . . .

3. Vous aimez un petit hôtel pas cher au bord de la mer ?
Nous *celui* . . . .

4. Vous aimez les belles voitures ?
Nous . . . . *celles* . . . .

● *Complétez l'annonce au pluriel :*
  EXEMPLE :   Nous vendons des voitures
              Et toutes celles que nous vendons sont bien !

1. Nous louons des chambres. — Et . . . .
2. Nous proposons des voyages à l'étranger. — Et . . . *ceux* . . . .
3. Nous choisissons les films. — Et . *Toutes* . . . *ceux* . . . . .
4. Nous vous conseillons de prendre les petites routes. — Et . . . .

● *Répondez aux questions suivantes en utilisant "celui que", "celle que", "ceux que", "celles que", et le verbe proposé entre parenthèses. Attention à l'accord du participe passé.*
  EXEMPLE :   Est-ce que ce programme est bon ? (choisir)
              Bien sûr, c'est celui que j'ai choisi.

1. Ces renseignements sont sûrs ? (obtenir à l'agence)
   . . . . . *Bien sur* . . . *c'est sont ceux, que je obtenu à l'agence* . . . . . .
2. Tu prends ces affaires ? (préparer pour le voyage)
   . . . .
3. Tu connais cette étudiante : (interroger à l'examen)
   . . . .
4. Tu connais cette route ? (*que je prise* prendre pour venir ici)
   . . . .
5. Ces livres sont à toi (acheter hier)
   . . . .
6. Tu connais ces photos ? (prendre en Grèce il y a deux ans)
   . . . .

_____ ANNEXE 25 (unité 4)

EXPRESSION DE LA DURÉE (3ème étape)

I. EMPLOI DES MARQUES TEMPORELLES AVEC LES VERBES PERFECTIFS

"Depuis", "il y a ... que", "ça fait ... que" peuvent s'employer avec un verbe au passé composé et à la forme affirmative si le verbe est *perfectif* (l'action se termine en se faisant) :

arriver - partir - prendre la route	quitter - rejoindre
entrer - sortir	acheter - vendre
revenir - retourner	trouver
s'arrêter - arrêter (au sens actif)	réserver.

Aucun de ces verbes ne peut être employé au présent avec "depuis", "il y a... que", ça fait ... que" : "Je pars depuis deux heures" est impossible.

II. TABLEAU III

1. On indique la durée de l'action ELLE-MEME

	PASSÉ COMPOSÉ (accompli)	PRÉSENT (accomplissement)	FUTUR
PENDANT	J'ai travaillé pendant 10 ans.	On rembourse pendant 10 ans.	On voyagera pendant 2 mois.
EN	On a fait le voyage en 2 jours.	On fait le voyage en 2 jours.	On fera le voyage en 2 jours.

2. On indique la durée antérieure à l'action

	PASSÉ COMPOSÉ (accompli)	PRÉSENT (accomplissement)	FUTUR
DANS			On sera à Dinan dans 2 heures.

3. On indique la durée postérieure à l'action

<table>
<tr><th colspan="3"></th><th>PASSÉ COMPOSÉ (accompli)</th><th>PRÉSENT (accomplissement)</th><th>FUTUR</th></tr>
<tr><td rowspan="6">DEPUIS, ÇA FAIT ... QUE, IL Y A ... QUE</td><td colspan="2">IL Y A</td><td>On y est allé il y a 10 ans.</td><td></td><td></td></tr>
<tr><td rowspan="4">Verbes non perfectifs</td><td>Forme affirmative</td><td></td><td>On y va depuis 10 ans.
Ça fait 10 ans qu'on y va.
Il y a 10 ans qu'on y va.</td><td></td></tr>
<tr><td rowspan="3">Forme négative</td><td>On n'y est pas/plus allé depuis 10 ans.</td><td>On n'y va pas/plus depuis 10 ans.</td><td></td></tr>
<tr><td>Ça fait 10 ans qu'on n'y est pas/plus allé.</td><td>On n'y va pas/plus depuis 10 ans.</td><td></td></tr>
<tr><td>Il y a 10 ans qu'on n'y est pas/plus allé.</td><td>Il y a 10 ans qu'on n'y va pas/plus.</td><td></td></tr>
<tr><td colspan="2">Verbes perfectifs Forme affirm</td><td>Il est sorti depuis 10 minutes.
Ça fait 10 minutes qu'il est sorti.
Il y a 10 minutes qu'il est sorti.</td><td></td><td></td></tr>
</table>

● *Mettez le verbe des phrases suivantes au temps qui convient :*

1. Nous (rentrer) **sommes rentrés** à Paris depuis trois jours seulement. — 2. Je (chercher) **cherche** la solution depuis longtemps. — 3. Ça fait plusieurs années qu'ils (vendre) **ont vendu** leur maison au bord de la mer. — 4. Nous (fabriquer) **fabriquons** des 104 depuis dix ans maintenant. — 5. Ça fait plusieurs années qu'Hélène (quitter) .... l'université et que Philippe (ne plus être) **ne ... plus** journaliste ! — 6. Depuis 1981, les

Français (avoir) ...*ont*... cinq semaines de congés payés. — 7. Il y a combien de temps que tu (arrêter) ...*arrête*... le chauffage. — 8. Ça fait deux mois qu'ils (voyager) ...*voyagent*... — 9. ça fait deux mois qu'ils (partir) ...*sont partis*... en voyage. — 10. Il y a plus d'un mois qu'il (réserver) ...*a réservé*... nos places de train.

SYNTAXE
La transformation nominale

● *Dans chaque phrase, la forme verbale est donnée ; trouvez la forme nominale correspondante.*
EXEMPLE : Je dois choisir un jouet pour Pierre mais le *choix* est difficile.

1. Elle travaille dans une agence de voyages depuis 2 ans mais son .... n'est pas très intéressant ; elle cherche autre chose ! — 2. Je voudrais bien sortir d'ici ; où est la ...*sort*... s'il vous plaît ? — 3. La majorité des Français partent en vacances en été : les grands ...*départs*... ont lieu le 30 juin et le 31 juillet surtout. — 4. Vous louez une voiture chaque week-end ? — Oui, la ...*location*... ne coûte que 150 francs par jour ! — 5. Nous vendons de plus en plus de petites voitures ; cette année, nos ...*vent*... ont augmenté de 15 %. — 6. Ça y est, ta voiture est réparée ? — Oui, et la ...*réparation*... m'a coûté très cher ! — 7. La banque nous a prêté de l'argent pour acheter cet appartement : c'est un ...*prêt*... particulièrement intéressant pour les jeunes qui s'installent. — 8. J'ai remboursé les frais d'agence mais le propriétaire me demande aussi le ...*remboursement*... des réparations qu'il a faites avant mon arrivée ! — 9. Est-ce que vous avez déjà déménagé ? — Non, nous ferons notre ...*déménagement*... pendant les vacances de Pâques. — 10. La météo a prévu du beau temps, mais tu sais, les ...*prévision*... ne sont pas toujours sûres. — 11. Il pleut depuis 2 semaines ; est-ce que cette ...*pluie*... va s'arrêter, oui ou non ? — 12. Renault produit plus de 1 200 000 voitures et camions par an et sa ...*production*... augmente chaque année. — 13. Les pays européens doivent importer beaucoup de pétrole. Mais depuis quelques années, on essaie de diminuer les ...*import*... — 14. Votre entreprise exporte beaucoup ? — Oui, et c'est moi qui m'occupe des ...*exportation*... — 15. C'est une voiture très économique qui consomme 6,2 litres sur la route ; et sa ...*consommation*... ne dépasse pas 7,5 litres en ville. — 16. On ne peut plus circuler dans cette ville ; surtout entre 4 h et 7 h, la ...*circulation*... est impossible ! — 17. Il y a longtemps que nous n'avons pas voyagé. J'aimerais bien faire un ...*voyage*... en Inde cette année. — 18. Tu t'es renseigné ? — Non, pour obtenir tous les ...*renseignements*... il faut

167

s'adresser au directeur et il n'est pas là pour le moment ! — 19. Monsieur, vous devrez attendre un petit moment ... — Bon, mais si l' . . . . est trop longue, je vais aller prendre un café. — 20. Avez-vous réservé votre place ? — Oui, j'ai fait une . . . . par téléphone hier. — 21. Je ne peux pas vous informer, Monsieur ; téléphonez plutôt à la gare au bureau des . . . . — 22. Vous verrez deux routes qui se croisent. A ce . . . ., prenez la première route à droite, faites 200 mètres et vous arriverez à notre maison de campagne. — 23. Je peux te conseiller si tu veux ... — Non, merci, je n'ai pas besoin de tes . . . . ! — 24. Il conduit depuis une dizaine d'années mais, tu verras, il n'est pas très bon . . . . — 25. Bien sûr la vitesse est limitée mais les . . . . de vitesse ne sont pas toujours respectées !

_____ ANNEXE 27 (révision)

SYNTAXE
Les mots de relation

- *Complétez les phrases en utilisant chacune des expressions suivantes* une seule fois :
d'autre part - car - par contre - grâce à - en effet - sinon - pourtant - bien sûr... mais :

1. Je ne peux pas te loger chez moi ; . . *d'autre part* . . je peux te réserver une chambre d'hôtel qui est tout près de la maison. — 2. Partez plutôt après 8 heures du soir . . . . *sinon* . . . vous serez dans les embouteillages et vous mettrez 2 heures pour sortir de Paris. — 3. Il a encore échoué à son examen, . . *pourtant* . . . . . . il a beaucoup travaillé pendant tout le semestre. — 4. . . . . . . *grâce à* . . . des amis qui nous ont prêté leur maison au bord de la mer, nous avons eu des vacances très économiques. — 5. Bien sûr, nous ne sommes pas très bien payés . . *en effet* . . . . . . les conditions de travail sont bonnes. — 6. Je ne peux pas aller chez toi ce week-end : mes parents viennent me voir, . . *m.* . . la météo annonce du mauvais temps. — 7. C'est une entreprise qui marche bien ; . . *en effet* . . . . . . le nombre des employés augmente chaque année. — 8. Soyez très prudents . . . *car* . . . . cette route est très dangereuse.

_____ ANNEXE 28 (révision)

LES PRONOMS COMPLÉMENTS D'OBJET
AVEC LES VERBES PRONOMINAUX

I. S'ADRESSER A QUELQU'UN

- *Conjuguez au présent le verbe placé dans la phrase interrogative :*
"s'adresser à l'employé en français ou en anglais ?"
Attention à la transformation du pronom réfléchi.

1. Je *je m'adresse* . . . .

2. Tu *t'adresses à l'employé* en FRANÇAIS OU EN Anglais?

3. Il *t'is'adresses à l'employé* en FRANÇAIS OU EN anglais?

4. Nous *nous adressons à*

5. Vous *vous ADRESSEZ à*

6. Ils *s'adressent*

- *Conjuguez au passé composé :*
  "s'adresser à l'employé en français".
  Il faut utiliser l'auxiliaire "être" et faire l'accord du participe passé.

1. Je *me sui adressé à*

2. Tu *t'es adressé "*

3. Il *s'est "*

4. Elle *s'est "*

5. Nous *nous sommes adressé*

6. Vous *vous êtes "*

7. Ils *se sont "*

8. Elles *se sont "*

- *Observez la place du pronom complément :*
  verbe pronominal + *à* + quelqu'un : *s'* adresser à : moi, toi, lui, elle, nous, vous, eux, elles.
  Le pronom complément d'objet est placé *après* la préposition.

- *Observez la forme et la place du pronom réfléchi quand le verbe est à l'impératif :*
  adresse-*toi*, adressons-*nous*, adressez-*vous* + *à* + quelqu'un

II. S'OCCUPER DE QUELQU'UN/QUELQUE CHOSE

1. S'occuper *de* quelqu'un.

- *Conjuguez au présent :* "s'occuper de Pierre pendant que sa mère se repose" :

J'm

1. Je *me occupe*

2. Tu *t'occupes*

3. Il *s'occupe*

4. Nous *nous occupons*

5. Vous *vous occupez*

6. Ils *s'occupent*

- *Conjuguez au passé composé "s'occuper de leur fils pendant un an" :*

1. Je [me] suis occupé
2. Tu t'es "
3. Il s'est "
4. Elle s'est "
5. Nous nous sommes occupé
6. Vous vous êtes "
7. Ils se sont "
8. Elles se sont "

- *Observez la place du pronom complément*

verbe pronominal + *de* + quelqu'un : *s'* occuper *de* : moi, toi, lui, elle, nous, vous, eux, elles.

- *Observez la forme et la place du pronom quand le verbe est à l'impératif*
Occupe-*toi*, occupons-*nous*, occupez-*vous* + *de* + quelqu'un

2. S'occuper *de* quelque chose

a) Le pronom complément d'objet est "en"
S'occuper des ventes → S'*en* occuper.

- *Transformez les phrases suivantes :*

1. Il s'occupe des réservations ? Il s'en occup
2. Nous nous occupons de votre voyage Nous nous en
3. Je m'occupe des valises
4. Tu t'occupes des places de train ?

b) Au passé composé, le participe passé ne s'accorde pas avec "en".

- *Observez :*

Et la réservation des places ?

— C'est fait. Il s'en est occupé hier.

c) A l'impératif :

Avec les verbes pronominaux, le pronom réfléchi "toi" se transforme en "t'" devant le pronom complément "en" pour des raisons phonétiques.

- *Observez :*

Occupe-*t'*en, occupons-nous-en, occupez-vous-en.

Il indique l'endroit, le lieu

EXEMPLES : On va au cinéma ? – D'accord, on <u>y</u> va.

Il reste encore un an en France ? – Oui, il *y* reste encore un an.

Vous êtes dans votre nouvel appartement ? – Non, nous n'*y* sommes pas encore.

Ce pronom n'a qu'une seule forme (toujours *y*)

● *Répondez par oui ou par non aux questions suivantes en utilisant le pronom ''y'' :*

1. Vous allez dans votre maison de campagne tous les week-ends ? . . . .

    . . . . *nous y allon* . . . . . *nous n'y allons pas* . . .

2. Il est dans son bureau en ce moment ? . . . .

    . . . *il y est* . . . . . *il n'y est pas* . . .

3. Tu vas à la bibliothèque aujourd'hui ? . . . .

    . . . *tu y vas* . . . . . *n'y vas pas* . . .

4. Vous serez à Dinan dimanche ? . . . .

    . . . *vous y serez* . . . . . *vous n'y ser pas* . . .

5. Ils vont souvent aux États-Unis ? . . . .

    . . . *ils y vont* . . . . . *ils n'y vont pe* . . .

6. Ils habitent dans leur nouvelle maison ? . . . .

    . . . *ils y HABITENT* . . . . . *ils n'y HABITENT PAS*

7. Cet autobus va en ville ? . . . . *cet autobus y va*

    . . . " . . . " . . . *n'y va pas.*

8. Vous retournez en Afrique ? . . . . *vous y RETOURNEZ* . . . . .

    . . . *vous y n'y* . . . " . . . *PAS*

171

8. VOYAGE À MALTE

1. Conseils à ceux qui partent à l'étranger

Vous partez en voyage :
si vous voulez profiter
de vos vacances,
vous devez prendre certaines
précautions avant votre départ.

des persiennes → *shutters*

Pensez à faire expédier votre courrier
à l'endroit où vous passez vos vacances :
une lettre importante,
un télégramme peuvent arriver
chez vous pendant votre absence.

J. DUPONT
17 RUE DU MONTPARNASSE
MAISON "MON RÊVE"
LA GALERIE
06600 ANTIBES 75006 PARIS

Prenez des précautions
pour ne pas vous trouver
sans argent.

À l'étranger,
vous risquez de tomber malade,

d'avoir un accident,
une panne
ou un autre ennui.

Si cela vous arrive,
vous serez bien contents
d'avoir pris une assurance
avant votre départ.

Enfin, n'oubliez pas vos papiers :
carte d'identité, passeport, etc.
Vérifiez bien
qu'ils sont encore valables.

Avant de partir
n'oubliez pas de vous inscrire
à Europ-Assurance.
Avec Europ-Assurance,
600 personnes vous protègent
pendant vos vacances.

2. Vacances
avec Transtourisme

Nous sommes prêts à vous conseiller
et nous vous aiderons
à passer de bonnes vacances.

Écoutez tous nos clients :

ils vous diront que notre agence est sérieuse
et qu'ils ont toujours été
satisfaits de nos services.

Dans ce catalogue, nous vous proposons

← bus (local)

des promenades en car
ou en voiture particulière.

Spécial

Elles vous permettront de vous distraire
et de visiter les endroits
les plus intéressants
du pays où vous voyagez.

Vous y trouverez également
la liste des hôtels les plus confortables :
nous vous indiquons le prix du voyage
et du séjour dans chacun de ces hôtels.
Vous pourrez choisir
celui qui vous convient le mieux.

PRIX PAR PERSONNE EN CHAMBRE DOUBLE		UNE SEMAINE AU DÉPART DE	
		PARIS-NICE FF	BRU-XELLES FB
VALLETTA HÔTEL OSBORNE		1656	16200
SLIEMA HÔTEL EUROPA	SAISON	1908	17520
HÔTEL FORTINA	SAISON	1968	18000
FLORIANA HÔTEL PHOENICIA	SAISON	2244	20640
RABAT GRAND HÔTEL VERDANA	SAISON	2340	21360

Si vous avez un problème,
il y aura toujours quelqu'un
qui vous conseillera
et qui vous aidera à le résoudre.

Alors, n'hésitez plus : choisissez les vacances
Transtourisme.

Vous ne le regretterez pas.

3. Transtourisme **MALTE**

Malte est un pays au climat méditerranéen :
il y fait très beau, mais aussi très sec,
et on vous demandera sans doute
de ne pas gaspiller l'eau.

La langue principale, c'est bien sûr le maltais.
Mais l'anglais est employé partout. Par contre,
les habitants ne connaissent pas souvent
le français.

Il y a beaucoup de magasins
où vous trouverez des tissus,
des vases en terre
et des objets en verre
ou en cuivre.
Malte est surtout connue
pour ses objets en or,
et vous pourrez en acheter
sans dépenser trop d'argent.

À Malte, vous circulerez facilement,
car les distances sont courtes.

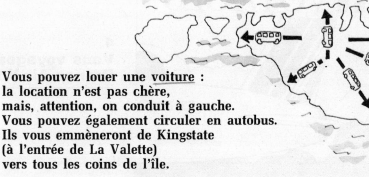

Vous pouvez louer une voiture :
la location n'est pas chère,
mais, attention, on conduit à gauche.
Vous pouvez également circuler en autobus.
Ils vous emmèneront de Kingstate
(à l'entrée de La Valette)
vers tous les coins de l'île.

Dans les hôtels
que nous vous proposons,
les chambres ont une douche
ou une salle de bains,
le téléphone, la radio.

Vous y trouverez même quelquefois une piscine
ou une plage privée. Mais ce sont évidemment
les hôtels les plus chers.

AIR VOYAGES

4.
Vous voyagez par avion :
Prenez Air-Voyages

Air-Voyages vous rendra plus de services
que toutes les autres compagnies aériennes.

Dans tous les aéroports,
on vous reçoit
avec le sourire et on vous donne
tous les renseignements
que vous désirez.

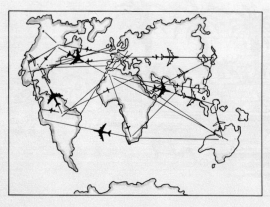

Au départ de Paris,
il y a plusieurs vols quotidiens
pour toutes les grandes villes du monde.
Demandez nos horaires
et choisissez celui qui vous convient.

Dans l'avion, vous trouverez des fauteuils
d'un confort extraordinaire :
vous y serez plus à l'aise
que chez vous,
dans votre fauteuil habituel.

Sur chaque vol,
Air-Voyages
vous propose des boissons variées,
trois menus au choix
en classe économique
cinq en première classe.

Un autre avantage :
vous pouvez
déposer vos bagages
à l'entrée de l'avion.
Quand il atterrit
vous les prenez en sortant.

land
décoller = Take off

Air-Voyages transporte plus de passagers
que toutes les autres compagnies.

Ce n'est vraiment pas étonnant!

Grammaire

Pronom y :   *vous y trouverez..., il y fait très beau,*
vous y serez plus à l'aise...
Pronom où :   *à l'endroit où*
vous passez vos vacances,
des magasins où vous trouverez...

Exercices

le malaise [handwritten]

1

où... ; que

Observez et répétez

— Vous connaissez *l'Italie ?*
  — Oui, très bien ! C'est le pays où je
  passe mes vacances depuis des
  années, et c'est vraiment le pays que
  je préfère.

Remplacez

l'Italie
→ l'Espagne, le Portugal (le pays)
  la Bretagne, la Savoie (la région)
  Nice, Chamonix (la ville)

Observez et répétez

— TOURIST-CLUB —
Pendant vos vacances, vous voulez
rencontrer des gens intéressants,
mais vous voulez aussi être au calme,
vous reposer, oublier vos soucis,
profiter de chaque minute !
Alors, venez, notre club vous attend !

Transposez

→ Le Tourist-club vous attend.
  C'est un endroit où vous rencontrerez...
  ...

pour ne pas...

Observez et répétez

Quand je travaille trop, je suis fatigué(e).
Quand je mange trop, je grossis.
Quand je conduis trop, je suis énervé(e).
Quand je bois trop, je suis malade.
Quand je fume trop, j'ai mal* à la tête...

pour ne pas avoir à la tête [handwritten]

Transposez

→ ..., alors, pour ne pas être fatigué(e),
  je travaille moins...
  ...

Verbes pronominaux (rappel)

Observez et répétez

Pour passer le permis de conduire, il faut :
  s'adresser à une « auto-école » (dans la
  ville où on se trouve),
  s'inscrire plusieurs mois à l'avance,
  se présenter à l'examen
  et... il ne faut pas s'énerver !

Transposez

→ Pour passer le permis de conduire,
  vous devez vous adresser à...
  ...
→ Pour passer le permis de conduire,
  adressez-vous à...
  ... *ne vous énervez pas.* [handwritten]

180 *vous ne devez pas vous s'énerver* [handwritten]

oublier..., oublier de faire quelque chose; penser à..., penser à faire quelque chose

Observez et répétez

Vous partez en voyage? Alors... prenez bien votre valise,
vos papiers (carte d'identité ou passeport),
votre argent,
votre billet.

Vous partez en voyage? Alors...
donnez votre adresse à des amis,
prenez une assurance,
faites examiner votre voiture,
faites vérifier vos freins, *brake*
faites expédier votre courrier. *forward*

Transposez

→ Vous partez en voyage? Alors... pensez à votre valise,
...

→ Vous partez en voyage? N'oubliez pas votre valise,
...

→ Vous partez en voyage? Alors... pensez à donner votre adresse à des amis...
...

→ N'oubliez pas de donner votre...
...

Lexique : *arriver*

Observez et répétez

— Le train part à quelle heure?
— À 6 h 14.
— Et il arrive à quelle heure?
— Il arrive à 20 h 30.

Faites la même chose avec

Départ	7 h 15	8 h 18	9 h 22
Arrivée	21 h 32	16 h 25	18 h 45

Observez et répétez

— Didier ne vient pas.
— Pourquoi? Qu'est-ce qui lui arrive?
— Il est *malade*.

Remplacez

malade → fatigué, en retard

tomber

Observez et répétez

Attention, Pierre... tu vas tomber!
Faites examiner votre voiture régulièrement, sinon vous pouvez tomber en panne.
Faites-vous examiner régulièrement, vous ne tomberez pas malade.

2

prêt à...

Observez et répétez

Didier aime beaucoup sortir, voir des *la copine* copains, faire des promenades, voyager, se distraire... Mais il n'aime pas travailler!

Transposez

→ Didier est toujours prêt à...
...
... mais il n'est pas souvent prêt à...

aider quelqu'un à...

Observez et répétez

Monsieur Aubert à sa fille : Écoute, je veux
bien t'acheter une voiture. Mais est-ce que
tu es capable
de conduire dans Paris,
de te garer,
de rentrer la voiture au garage,
de changer une roue* ?

Transposez

→ Écoute, je veux bien t'acheter une voiture. Mais je ne serai pas toujours là pour
t'aider à...

lui, leur (rappel)

Observez et répétez

Je suis allé dans une agence de voyages,
on m'a montré des catalogues,
on m'a proposé plusieurs voyages,
on m'a indiqué les prix,
mais les dates ne me conviennent pas...
Alors je vais rester chez moi. Ça me
permettra de me reposer.

Remplacez

je → Marie, Michel, les Laurel

penser à quelqu'un → penser à lui, à elle, à eux, à elles

Observez et répétez

— J'ai invité Roland à dîner.
— Et *Martine*, tu as pensé à elle ?
— Bien sûr, je l'ai invitée aussi.

Remplacez

Martine → Roger, ses parents, Béatrice,
son frère*.

penser à quelque chose → y penser

Observez et répétez

— Bon, je crois que je suis prêt à partir !
— Et vos *papiers*, vous y avez pensé ?

Remplacez

papiers → passeport, carte d'identité

Observez et répétez

BUREAU INFORMATIONS
9 h - 12 h — 14 h - 19 h

Si vous avez besoin d'un renseignement, le
bureau « Informations » est ouvert de 9 h à
12 h et de 14 h à 19 h. Vous pouvez vous
y adresser.

Faites la même chose avec

AGENCE DE VOYAGES
Tous les jours
de 10 h à 18 h

→ Si vous...

182

y (noms de lieu)

Observez et répétez

— Elle est *en Bretagne* ?
  — Non, elle n'y est pas en ce moment, mais elle y va à Noël*, elle y retourne à Pâques* ; elle y passe toutes ses vacances.

Remplacez

en Bretagne → à la mer, chez ses parents

chacun des... ; chacune des...

Observez et répétez

Cet hôtel a 80 chambres, chaque chambre a une salle de bains.
Dans ce cinéma, il y a trois salles ; chaque salle a 100 places.

Il possède deux usines ; chaque usine emploie environ 200 ouvriers.
Dans ces usines, chaque ouvrier reçoit deux mois de salaire à la fin de l'année.

Transposez

Chaque chambre de cet hôtel a une salle de bains. → Chacune de ces chambres...
...

3

où

Observez et répétez

C'est l'entreprise où Monsieur Barret travaille.

Faites la même chose avec

restaurant, déjeuner souvent ;
magasin, acheter des légumes ;
immeuble, habiter ;
place, se garer.

Observez et répétez

« Malte est un pays où il fait très chaud et très sec. »

Construisez des phrases avec où à partir du texte de la leçon « Malte »

que (rappel)

Observez et répétez

— Vous connaissez l'*anglais** ?
  — Oui, c'est une langue que je connais bien. C'est même celle que je parle le mieux.

Remplacez

anglais → allemand*, espagnol*, arabe*, italien*, russe*

183

que / où

Observez et répétez

Michel a beaucoup d'amis à Londres.
Marie a de la famille à Rome.
Claudine aime beaucoup Madrid.
Hélène passe plusieurs mois par an à Bagdad.
Patrick pense qu'il y a beaucoup de choses à voir à Moscou.
Olivier connaît très bien Berlin.

À partir de ces informations, construisez des dialogues sur le modèle

Une personne : Vous connaissez Londres ?
Michel : Oui, c'est une ville où j'ai beaucoup d'amis.
Une personne : Vous connaissez Rome ?
Marie : Oui,...

en

Observez et répétez

— *Vous* avez bien profité de vos vacances ?
— Oui, cette année, j'en ai bien profité.

ils en ont bien profités

Observez et répétez

Madame Lebrun :

Son mari travaille à la *Banque* nationale, sa fille travaille à l'agence Tour-Club, son fils travaille à la société Impex ; ils déjeunent tous dans un restaurant : « le Coq gourmand ».

Remplacez

> vous → Pierre, Marie, les Aubry

il en a bien profité

Complétez. À partir des informations données, faites d'autres dialogues.

Une personne : Vous connaissez la Banque nationale ?
Madame Lebrun : Oui, je *la* connais très bien, mon mari *y* travaille.
Une personne : On *en* parle beaucoup en ce moment, on *en* dit beaucoup de bien !

sans + infinitif (rappel)

Observez et répétez

Quand on reçoit des amis, on est quelquefois fatigué.
Pour réussir une recette, on s'énerve.
Quand on achète, on gaspille souvent.
Pour passer de bonnes vacances, on quitte toujours Paris.
Quand on choisit un livre ou un disque, on hésite souvent.

Transposez

Cette semaine, *Elle* [1] vous aide à résoudre tous vos problèmes et vous dit :
— comment recevoir des amis sans être fatigué ;
— comment...

(1) Magazine féminin.

connu pour...

Observez et répétez

Jean-Paul Mercier est très connu :
   il a fait des émissions de télévision,
   il a fait des émissions de radio,
   il a fait un très bon film,
   il a publié un livre qui a eu du succès.

Transposez

Jean-Paul Mercier est connu pour ses émissions...
...

4

où ; d'où

Vols	Départ Paris	Arrivée		Départ		Arrivée		Départ	
		AIR-VOYAGES VOUS RENSEIGNE SUR SES DIFFÉRENTS VOLS							
A. V. 695	11 h 30	Rome	13 h	Rome	13 h 30	Téhéran	21 h 20	Téhéran	21 h 50
A. V. 715	9 h	Londres	9 h 55	Londres	10 h 10	Dublin	11 h 10	Dublin	11 h 25
A. V. 381	10 h	Nice	11 h 30	Nice	12 h	Alger	13 h 10	Alger	13 h 40
A. V. 519	17 h 25	Lyon	18 h 25	Lyon	18 h 50	Athènes	22 h 10	Athènes	22 h 50

Faites des phrases à partir des renseignements du tableau

Le vol A. V. 695 quitte Paris à 11 h 30 pour Rome où il arrive à 13 h et d'où il repart à 13 h 30 pour Téhéran.

Faites des dialogues sur le modèle

— On sera à Rome à quelle heure ?
— On y sera à 13 h.

— Et on en repartira à quelle heure ?
— À 13 h 30.

celle qui... (rappel)

Observez et répétez

Air-Voyages est une compagnie
    qui va dans tous les coins du monde,
    qui possède des avions sûrs et confortables,
    qui propose des menus variés,
    qui a plusieurs vols chaque jour pour toutes les grandes villes du monde.

Faites une publicité

« Prenez Air-Voyages, c'est la meilleure des compagnies :
    celle qui... »

circuler en..., par...

LES DIFFÉRENTS MOYENS DE TRANSPORT

On circule
en train, par le train	:	65,4 %
en métro, par le métro	:	10,9 %
en autobus ou en autocar	:	20,3 %
en avion, par avion	:	3,4 %

Faites des phrases sur le modèle

65,4 % des voyageurs prennent le train,
circulent en train,
circulent par le train.

Lexique

Les passagers, le conducteur, le pilote* (décoller*, atterrir)

Un train peut transporter 850 passagers en moyenne. — Dans une voiture de métro, il y a 200 passagers à certaines heures ! — Un Airbus peut transporter 345 passagers. — Un taxi* parisien ne prend pas plus de 3 passagers. — Celui qui conduit un autobus ou un métro est un conducteur, mais celui qui fait décoller ou atterrir un avion est un pilote.

Les classes : la 1ʳᵉ classe (en première), la 2ᵉ classe (en seconde)

Si vous prenez le métro, vous pouvez acheter un ticket* de 2ᵉ classe ou un ticket de 1ʳᵉ classe qui coûte plus cher, mais, dans un wagon de 1ʳᵉ classe, il y a moins de monde. — Si vous prenez le train, vous pouvez aussi choisir entre la 1ʳᵉ et la 2ᵉ classe. — Si vous voyagez en première, c'est plus confortable mais beaucoup plus cher qu'en seconde. — En avion également, il y a deux classes : la 1ʳᵉ classe et la classe économique ou classe touriste.

Quotidien, hebdomadaire*, mensuel

Un quotidien est un journal qui sort tous les jours. — Les hebdomadaires sortent toutes les semaines. — Un magazine mensuel sort tous les mois.

Chaque jour : quotidien ; chaque semaine : hebdomadaire ; chaque mois : mensuel.

Synthèse

Verbes

inscrire, connaître

	Présent		Passé composé				Futur	
J(e)	inscris	connais	ai	inscrit	ai	connu	inscrirai	connaîtrai
Tu	inscris	connais	as	inscrit	as	connu	inscriras	connaîtras
Il Elle	inscrit	connaît	a	inscrit	a	connu	inscrira	connaîtra
Nous	inscrivons	connaissons	avons	inscrit	avons	connu	inscrirons	connaîtrons
Vous	inscrivez	connaissez	avez	inscrit	avez	connu	inscrirez	connaîtrez
Ils Elles	inscrivent	connaissent	ont	inscrit	ont	connu	inscriront	connaîtront

convenir, résoudre

Présent : Il convient
résout

Passé composé : Il a convenu
résolu

Futur : Il conviendra
résoudra

Pronoms

Verbes + préposition + *à* (noms de personnes)

masculin et féminin singulier : **lui ;**   masculin et féminin pluriel : **leur**

Mais pour les verbes pronominaux et le verbe *penser à* :

masculin singulier :	L'employé est là.	Il faut vous adresser **à lui.**
féminin singulier :	L'employée est là.	**à elle.**
masculin pluriel :	Les employés sont là.	**à eux.**
féminin pluriel :	Les employées sont là.	**à elles.**

Noms de lieu

y : — Elle va souvent dans le Sud ? — Oui, elle **y** passe toutes ses vacances.
en : L'avion arrive à Marseille à 9 h ; il **en** repart à 9 h 30.
où : — Vous connaissez Nice ? — Très bien. C'est une ville **où** je vais souvent.

Test

Employez le pronom qui convient.

1. Paul voudrait aller te voir. Tu peux... *(indiquer)* ton adresse ?
2. Je n'ai pas reçu mon salaire. Tu peux... *(prêter)* un peu d'argent ?
3. Monsieur, il y a une personne qui veut vous voir. Est-ce que vous... *(recevoir)* aujourd'hui ?
4. Je voudrais un renseignement. — Voilà la secrétaire, *(s'adresser)*.... .
5. La route de Nice, s'il vous plaît ? — Attendez, je vais... *(montrer)*.
6. Patrick n'est pas là ? — Non, il est malade, je vais... *(téléphoner)* ce matin.
7. Les horaires de train, s'il vous plaît ? — Il y a un employé au guichet, il faut... *(s'adresser)*... .
8. Le directeur est là ? — Oui, je vais... *(demander)* de vous recevoir.

Complétez les phrases avec *où, que, qui, y*.

1. L'Italie, c'est le pays... je connais le mieux : j'... passe toutes mes vacances. — **2.** C'est un restaurant... n'est pas cher, j'... emmène souvent Marie. — **3.** C'est un restaurant... je mange souvent. — **4.** Il faut retourner à l'endroit... vous avez déposé votre valise. — **5.** Je voudrais aller dans un pays... il y a beaucoup de choses à voir. — **6.** Tu connais cet hôtel ? On m'a dit qu'on... mange très bien. — **7.** Vous viendrez demain à l'endroit... je vous ai indiqué ? — **8.** Vous connaissez Marseille ? — Oui, c'est une ville... j'ai travaillé pendant deux ans.

Documents complémentaires

Voyages

> Une nouvelle compagnie aérienne propose des billets Londres-New York à 400 francs.
>
> Il n'y aura plus d'hôtesses, plus de repas servis à bord, plus de journaux. Mais il paraît que la compagnie gardera quand même ... les pilotes

> Toutes les agences de voyage vous donneront des catalogues.
>
> **Nous, nous vous donnerons aussi des conseils**
>
> EURO-VOYAGES

Prenez vos vacances en dépensant moins

Avec TOURING-HOTEL, chacun pourra résoudre ses problèmes.

En vous adressant à TOURING-HOTEL, vous éviterez :
  — les locations, qu'il faut chercher longtemps à l'avance,
  — l'hôtel, très cher quand on est plus de deux,
  — la maison secondaire, où on n'habite que très peu de temps.

Et vous aurez chaque année :
  — un appartement que vous avez choisi,
  — pour la date que vous avez choisie.

Vous pourrez en profiter mais...
  — Si, à ce moment-là, vous avez envie d'aller ailleurs, vous pourrez le louer, le prêter à des amis ou le vendre...

VOCABULAIRE

● *Complétez le texte suivant :*

Si vous partez à l'étranger, prenez . . . .

sinon vous . . . . avoir des . . . . Vous pouvez . . . . . .

. . . . malade ou avoir un accident ; alors, ... pas de

prendre une bonne assurance : . . . . à Europ-Assurance par

exemple qui vous rendra les meilleurs services.

Avant de partir, donnez aussi une ou plusieurs adresses . . . . on peut

vous joindre si quelque chose d'important . . . . pendant votre . . . .

VOCABULAIRE
Révision de l'unité 2

● *Complétez les répliques du dialogue suivant en utilisant le vocabulaire qui convient contenu dans la leçon "Vacances avec Transtourisme"*

— Vous connaissez l'agence Transtourisme ?

— Oui, nous avons fait un voyage l'an dernier et nous avons été très . . . .

. . . .

— Où êtes-vous allés ?

— En Grèce. Nous avons visité des . . . . très intéressants

en autocar et tous les soirs, pour . . . . , nous sommes

allés voir des spectacles.

— Et combien cela vous a coûté ?

— Pas très cher : le . . . . et le . . . .

nous ont coûté 3 000 francs par personne pour une semaine.

— Est-ce que vous êtes . . . . conseiller Transtourisme à

des amis ?

— Oui, sans . . . . ; c'est une agence très . . . .

Un voyage avec Transtourisme, on ne le . . . . pas !

RÉEMPLOI DES ADVERBES

● *Complétez les phrases suivantes en utilisant les adverbes :*
mais aussi, sans doute, bien sûr, partout, surtout, facilement, souvent, également, quelquefois, évidemment.

Plusieurs adverbes peuvent convenir à la même phrase : choisissez celui qui vous paraît le meilleur, ou proposez deux équivalents si c'est possible.

1. A Malte, il y a beaucoup d'hôtels ; vous en trouverez . . . . un qui vous conviendra. — 2. C'est un pays où on parle le maltais . . . . mais . . . . l'anglais et, dans les magasins, on parle . . . . .le français. — 3. On vend . . . . des objets en terre, en cuivre ou en or. — 4. Les distances sont courtes mais pour aller vers tous les coins de l'île, vous devez . . . . prendre un autocar ou louer une voiture. — 5. A Malte, ne gaspillez . . . . pas l'eau ! C'est un pays sec et on manque souvent d'eau en été.

VOCABULAIRE
Lexique pages 69 et 70 du livre d'exercices

● *Complétez les phrases suivantes :*

1. Un train peut . . . . 850 . . . . en moyenne. — 2. Une . . . . de métro peut en transporter 200 à . . . . — 3. Dans un Airbus, il peut y avoir . . . . passagers environ. — 4. Un taxi parisien . . . . passagers. — 5. Celui qui conduit un autobus, un métro, ou une voiture est un . . . . , mais celui qui fait décoller ou . . . . un avion est un . . . .

● *Répondez aux questions suivantes :*

1. En France, dans le métro ou dans les trains, il y a 2 classes : quelle est la différence ? . . . . . .
. . . .
. . . .
. . . .

2. Comment appelle-t-on les différentes classes dans un avion ? . . . .
. . . .

3. Donner un équivalent à :

une voiture de train : . . . .

chaque jour : . . . .

chaque semaine : . . . .

chaque mois : . . . .

chaque année : . . . .

_____ANNEXE 34 (révision)
ANTÉRIORITÉ - POSTÉRIORITÉ
AVANT DE + infinitif
APRES AVOIR + participe passé

● *Construisez des phrases avec "avant de" et "après avoir" en utilisant les éléments suivants :
(changez éventuellement les articles en possessifs ou démonstratifs).*

1. regarder la météo, partir : . . . .
. . . .

2. chercher pendant 3 mois, trouver un appartement : . . . .
. . . .

3. se reposer, passer tous les examens : . . . .
. . . .

4. regarder le catalogue, choisir un hôtel : . . . .
. . . .

5. acheter un billet, demander tous les renseignements : . . . .
. . . .

6. demander des conseils, choisir une voiture : . . . .
. . . .

7. ne plus vouloir conduire, avoir un accident : . . . .
. . . .

8. recommencer à travailler, obtenir une augmentation de salaire : . . . .
. . . .

9. partir, faire examiner la voiture : . . . .
. . . .

10. recevoir le télégramme, quitter la maison : . . . .
. . . .

LES PRONOMS COMPLÉMENTS D'OBJET (révision)

● *Reprenez les annexes 12 et 39 puis complétez les phrases suivantes :*

1. Allez à l'hôtel des Cèdres, vous . . . . serez très bien. — 2. Et votre courrier ? — Je
. . . . ferai expédier chez mes parents. — 3. Vos vacances ont été agréables ? — Oh oui,
nous . . . . avons bien profité ! — 4. A Malte ? Oui, il . . . . fait toujours très beau.
— 5. Est-ce qu'ils peuvent s'adresser à vous ? — Oui, bien sûr, nous . . . . donnerons
tous les renseignements. — 6. C'est un beau pays, mais je n' . . . . suis pas très à l'aise.
— 7. Où peut-on mettre nos bagages ? — Vous pouvez . . . . déposer ici, c'est très sûr !
— 8. Si vous passez vos vacances dans le Midi, venez nous voir, nous . . . . serons. — 9.
Il a une 104 maintenant ? — Oui, et il . . . . est très content.

PASSÉ RÉCENT ET FUTUR PROCHE

● *Complétez les phrases avec "aller" ou "venir de" selon les cas.*

1. Il est très content, il . . . . réussir à son permis de conduire ! — 2. Attendez un petit moment, quelqu'un . . . . vous aider. — 3. Nous . . . .
. . . . décoller et nous survolons la ville de New-York. — 4. Elle n'est pas encore prête ?
Mais elle . . . . manquer son avion ! — 5. Je . . . .
trouver un passeport ; est-ce qu'il est à quelqu'un ici ? — 6. Reste ici, je . . . .
voir l'hôtesse ! — 7. Il pleut, alors, ils . . . . sans doute attendre un
peu avant de sortir. — 8. Je pense qu'elle . . . . partir sans nous le
dire. — 9. Ils sont à l'aéroport ; ils . . . . téléphoner. Ils ont fait un très
bon voyage. — 10. Ça y est, je . . . . finir l'exercice !

LE SUPERLATIF

● *Complétez les phrases suivantes :*

1. Cet hôtel est cher mais c'est évidemment . . . . confortable de la
région. — 2. Qu'est-ce qui vous convient . . . . : venir chez nous ou
louer un studio ? — 3. C'est une des agences . . . . sérieuses ! — 4. Il
paraît que c'est . . . . restaurant ! — 5. Vous trouverez là . . . .
beaux tissus de la ville. — 6. On vous proposera les boissons . . . . variées.
— 7. C'est sur Air-Voyages que vous mangerez . . . . — 8. Vous
n'avez pas pris . . . . place ! — 9. C'est l'anglais qui est la langue . . . . .
. . . . . . .employée. — 10. Voyager en voiture, c'est ce que j'aime . . . .

9. LE GEL

1. Le gel : un problème grave

Mme Duval Bonjour, Madame Aubry,
vous allez bien ?
Hélène Ça va, et vous ?

Mme Duval Oh, pour nous,
c'est plutôt une mauvaise année...
Avec les gelées du printemps...

Hélène Oui, il paraît qu'il n'y a pas
beaucoup de fruits.

Mme Duval Et votre jardin ! Vous avez regardé les arbres que votre père a plantés l'an dernier ?
Il y en a deux qui sont morts à cause du gel.

Hélène Oh, ce n'est pas grave.
On en plantera d'autres.

Mme Duval Ah ! On peut dire que les agriculteurs ont du mal en ce moment...
Heureusement,
on a bien vendu nos cochons.

Et puis, on ne se plaint pas trop :
on a moins de problèmes
que les gens du Midi...

Les gelées du printemps

Les gelées du printemps ont causé de graves dégâts dans de nombreuses régions françaises...

Les récoltes de fruits et de certains légumes ont beaucoup diminué par rapport à l'an dernier, surtout dans l'Aquitaine, le Languedoc et le Roussillon.

Le gouvernement a promis d'aider les agriculteurs, mais on ne sait pas encore quelles décisions seront prises...

2. Les jeunes agriculteurs :
une année difficile

Les jeunes agriculteurs
ont toujours eu
beaucoup de difficultés :
le matériel agricole
et les bâtiments coûtent cher.

Mais cette année, avec le gel, leur situation est dramatique.
Certains ont été obligés d'emprunter de l'argent,
et les remboursements sont élevés.

D'autres, qui ont acheté
leur matériel à crédit,
ne peuvent plus payer.

Nous avons interrogé
deux jeunes agriculteurs,
à qui nous avons rendu visite.

Daniel C. (22 ans)
et sa femme (21 ans)
sont installés depuis deux ans
à Saint-Lô.

« Notre récolte a baissé de 60 %
par rapport à l'an dernier.
Bien sûr, nous avons des économies.
Mais nous en avons déjà utilisé
une grosse partie.
Nous ne pourrons pas aller
jusqu'à la fin de l'hiver... »

Gérard L., lui, cultive des légumes.
Il n'est pas plus optimiste :

« À cause du gel,
je risque de ne plus avoir
de fruits à vendre à partir du 1er janvier.

J'ai décidé d'aller à Rouen.
J'ai des amis là-bas.
Ils font du commerce.
Ils ont besoin de quelqu'un
pour les aider. »

3. Le gel : un problème à résoudre

Les syndicats agricoles
ont commencé à prendre des contacts
avec l'Administration,
pour parler des problèmes du gel.

Et le ministre de l'Agriculture a rencontré hier
les principaux responsables.

On ne peut donner aucun chiffre précis pour le moment,

mais les dégâts sont importants,
et la « note »
sera certainement très élevée.

Les syndicats agricoles réclament donc une aide
pour les agriculteurs et leurs familles.

En attendant, ils continuent à prendre
des contacts avec
les différents ministres :
aujourd'hui, c'est
le ministre de l'Économie
qui doit rencontrer
les responsables syndicaux,
à qui il va préciser
les intentions du gouvernement.
D'autre part, le président
de la République,
actuellement en vacances,
doit rentrer à Paris pour assister
au Conseil des ministres de mercredi.
On y parlera certainement du gel.

4. Gel : les Français vont payer la note

À l'issue du Conseil des ministres,
le ministre de l'Agriculture
a donné des précisions
sur les sommes que les agriculteurs
recevront de l'État :
actuellement, le gouvernement
a l'intention de dépenser
1 milliard pour les paysans
à qui le gel a fait
le plus de tort.

C'est une dépense imprévue
pour l'État, qui va donc demander
un impôt supplémentaire
aux Français.

IMPÔTS _____ 11.000F
IMPÔT GEL 10% _____ 1.100F
TOTAL _____ 12.100F

Toutefois, ceux dont les salaires
sont les plus bas ne paieront pas cet impôt.

Philippe Aubry
a déjà rencontré
le responsable
de la F. N. S. E. A.[1] :

— Êtes-vous satisfait
des décisions
du gouvernement?

— La somme qu'il propose nous paraît
assez satisfaisante pour le moment.
Mais nous espérons qu'elle sera versée
très rapidement aux agriculteurs.
Or le ministre de l'Agriculture
a parlé d'un délai de 45 jours.
Pour certains agriculteurs,
c'est beaucoup trop long.
Il y en a quelques-uns
qui ne pourront pas attendre jusque-là.

(1) Fédération Nationale des Syndicats d'Exploitants Agricoles.

Grammaire

Pronom en   *il y en a deux...,*
on en plantera d'autres,
il y en a quelques-uns,
nous en avons déjà utilisé
une grosse partie...

Pronoms relatifs   *à qui, dont...*

Exercices

1

Passé composé : *être, avoir*

Observez et répétez

Il y a eu un grave accident hier à la sortie de Paris, près du pont de Sèvres. Une voiture est rentrée dans un arbre : deux des passagers de la voiture sont morts dans l'accident.

> il y a eu ... → AVOIR
> ... sont morts, ... est rentrée → ÊTRE

Observez et répétez

Philippe Aubry : Jeudi dernier, à 9 heures, j'ai pris l'avion pour Beyrouth. Je suis allé à Roissy. Pour être à l'heure, je suis parti de la maison à 7 heures. Dans l'avion, je me suis installé à l'avant*. On est parti à 9 heures juste. L'avion s'est arrêté à Athènes à cause d'un ennui de moteur. On est resté 3 heures dans l'aéroport. On est reparti à 16 h 30 et on est arrivé à Beyrouth à 18 heures.

Transposez

→ Jeudi dernier, à 9 heures, Philippe Aubry a pris l'avion. Il...

> ── Passé composé ──
>
> • *avoir* + **participe passé** :
> *J'ai pris... Il a eu... Ils ont acheté...*
>
> • mais *être* + **participe passé** avec :
>
> | aller | rentrer | partir | arriver |
> | venir | sortir | rester | tomber |
>
> | s'installer | s'arrêter | s'occuper de |
> | se mettre à... | se reposer | s'adresser à |
> | s'énerver | se garer | *etc.* |

Complétez les phrases en mettant le verbe au passé composé

Les Aubry *(passer)* le week-end en Bretagne. Ils *(rentrer)* lundi après-midi. Ils *(partir)* de chez eux après le déjeuner. Ils *(rouler)* pendant trois heures. Pierre *(se mettre)* à pleurer*. Philippe *(s'énerver)*. Hélène *(proposer)* de s'arrêter un moment. Ils *(marcher)* au bord de la route. Quand *(repartir)*, Pierre *(jouer)* avec ses petites voitures et tout s'est bien passé jusqu'à Paris !

en... un ; en... plusieurs

Observez et répétez

| VOUS CHERCHEZ UN APPARTEMENT ? | L'agence Paga en a plusieurs à vous proposer.
Venez nous voir !
Vous en trouverez certainement un qui vous convient. |

Observez et répétez

— Vous connaissez combien de langues ?
— J'en connais deux.

Observez

Exportations françaises (Renault)	
Année	Nombre de voitures
1974	830 000
1975	840 000
1976	940 000
1977	1 000 000

Répondez aux questions

Vous avez combien d'enfants ? (quatre)
Vous prenez combien de morceaux de sucre ? (un seul)
Vous avez visité combien d'appartements ? (plus de vingt)
Vous fumez combien de cigarettes* chaque jour ? (sept ou huit)
Vous prenez combien de jours de congé ? (vingt-quatre)

À partir du tableau, imaginez les questions et les réponses en utilisant en

Le journaliste : Vous avez exporté combien de voitures en 1974 ?
Le directeur des ventes : En 1974, nous...

savoir quel... / quels..., quelle... / quelles...

Observez et répétez

Quand on veut partir en vacances il faut choisir
    un pays,
    une région,
    un hôtel,
    une date,
    un moyen de transport,
il faut prendre des bagages,
        des papiers
        et certaines précautions.

Transposez

Si vous ne savez pas quel pays choisir
           ...
           quels bagages ...
           ...
Adressez-vous à l'Agence Paga. Elle vous le dira !

2

en... beaucoup, en... assez

1. Dialogue avec un petit agriculteur

— Votre *blé* est beau. Vous en récoltez beaucoup ?
— Beaucoup... non !
— Vous en vendez ?
— Non, je n'en produis pas assez pour en vendre. J'en garde la plus grosse partie pour moi.

Remplacez

blé → pommes de terre

2. Au marché

— Et pour vous ce sera ?
 — *Des tomates,* s'il vous plaît.
— Vous en voulez combien ?
 — J'en voudrais une livre.

à qui...

Observez et répétez

L'agence Paga à votre service.

Il y a toujours chez nous une personne qui vous aidera.
 Vous pourrez vous adresser à elle.
 Vous pourrez lui téléphoner.
 Vous pourrez lui demander des renseignements.
 Vous pourrez lui demander conseil.

Transposez

Agence Paga

→ Il y aura toujours chez nous une personne à qui vous pourrez vous adresser.
 ...

augmenter de..., diminuer de..., baisser de...

Observez

Producteurs de	Augmentation ou baisse de revenu* (en %)			
	1971	1972	1973	1974
Fruits	+ 6,5	+ 15,9	+ 0,5	− 35,9
Bœuf	+ 9,6	+ 13,6	− 3,3	+ 7,1
Lait	+ 12,6	+ 20,1	− 2,6	+ 6,3
Porc	+ 2,8	+ 12,7	+ 24,9	− 26,2
Poulets	+ 3,2	+ 8,2	+ 6,5	+ 9,6

À partir des chiffres de ce tableau, faites des phrases en utilisant : augmenter de..., diminuer de..., baisser de...

En 1974, le revenu des producteurs de fruits a diminué de 35,9 % par rapport à 1973.
...

3

en... trop

Enquête sur les programmes de télévision

Dans ses programmes hebdomadaires, la télévision propose :

des films,   des informations régionales,
des émissions pour enfants,   des interviews de personnes connues.

Interrogez 20 téléspectateurs : Pensez-vous qu'il y a trop de films à la télévision ?
 assez de films ?
 qu'il n'y a pas assez de films ?

Mettez une croix dans le tableau suivant pour chaque réponse obtenue.

	Films	Émissions pour enfants	Informations régionales	Interviews
Trop				
Assez				
Pas assez				

Faites maintenant le compte rendu comme dans l'exemple suivant : Films : sur 20 téléspectateurs interrogés, ... pensent qu'il y en a trop.

à qui... (rappel)

Observez et répétez

— Je me suis adressé à un employé, mais il n'a pas pu me renseigner.
— J'ai vendu ma voiture à une amie, mais elle ne m'a pas payé.
— J'ai promis ce livre à un ami, mais il est en voyage en ce moment.
— J'ai proposé ce billet de théâtre à plusieurs personnes, mais elles n'ont pas voulu l'acheter.

Transposez

→ L'employé à qui je me suis adressé n'a pas pu me renseigner.
→ ...

aucun, aucune

Observez et répétez

D'habitude, quand elle part elle prend toujours
    beaucoup de bagages,
    plusieurs valises,
    tous ses papiers,
    une assurance,
    des livres
et elle donne une adresse pour son courrier.

Transposez

Mais la semaine dernière, quand elle est partie,
→ elle n'a pas pris de bagages
   ...
→ elle n'a pris aucun bagage
        aucun...
→ elle est partie sans prendre de bagages
        sans...
→ elle est partie sans aucun bagage
        sans...

encore, toujours, continuer à... / ne... plus...

Observez et répétez

— Ils fabriquent {encore / toujours} des 2CV ?

1. — Oui, ils en fabriquent toujours.
   — Oui, ils en fabriquent encore.
   — Oui, ils continuent à en fabriquer.
2. — Mais non ! Ils n'en fabriquent plus.

Choisissez une réponse (oui ou non)

— Elle vend toujours des appartements ?
— Ils vont toujours en Bretagne pendant leurs vacances ?
— Ils habitent toujours à Lyon ?
— Elle utilise toujours sa voiture ?
— Elle emmène toujours son fils à l'école ?

4

en... quelques-uns, en... quelques-unes

Observez et répétez

— Vous connaissez *toutes les provinces**
françaises ?
— Toutes... non, mais j'en connais
quelques-unes.

Remplacez

toutes les provinces françaises → tous les bons restaurants toutes les bonnes adresses tous les grands magasins toutes les salles de cinéma.

Attention

EN... QUELQUES-UN / EN... UN PEU

— Vous avez eu des pommes cette année ? — Oui, on en a eu quelques-unes.
— Et du raisin ? — Oui, on en a eu un peu aussi.

---

dont

Observez et répétez

— C'est une journaliste très connue. On parle beaucoup d'elle.	→ C'est une journaliste dont on parle beaucoup.
— C'est un livre qui se vend bien. Tout le monde en parle.	→ C'est un livre dont tout le monde parle.
— C'est une Française. Ses parents vivent en Italie.	→ C'est une Française dont les parents vivent en Italie.

PARLER DE $\left\{\begin{array}{l}\text{On parle de lui.}\\\text{On parle d'elle.}\end{array}\right.$

On en parle.

C'est $\left\{\begin{array}{l}\text{un journaliste}\\\text{un livre}\end{array}\right\}$ DONT on parle

Observez et répétez

L'Agence Pradal, une agence sérieuse :
    tout le monde en parle,
    tout le monde en dit du bien.
Vous en aurez sans doute besoin,
    et vous en serez content.

Transposez

→ L'Agence Pradal, une agence sérieuse,
dont tout le monde parle,
...

Observez

Pourcentage des femmes qui travaillent avec un enfant de		
0 à 2 ans 27 %	3 à 6 ans 31 %	7 à 15 ans 32 %

Faites des phrases à partir du tableau

27 % des femmes dont un enfant a de 0 à 2 ans travaillent.
...

Synthèse

Verbes

	PRÉSENT	PASSÉ COMPOSÉ	FUTUR
savoir	Je sais Tu sais Il } Elle } sait Nous savons Vous savez Ils } Elles } savent	J' ai su Tu as su Il } Elle } a su Nous avons su Vous avez su Ils } Elles } ont su	Je saurai Tu sauras Il } Elle } saura Nous saurons Vous saurez Ils } Elles } sauront

	PRÉSENT	PASSÉ COMPOSÉ	FUTUR
promettre	Je promets Tu promets Il } Elle } promet Nous promettons Vous promettez Ils } Elles } promettent	J' ai promis Tu as promis Il } Elle } a promis Nous avons promis Vous avez promis Ils } Elles } ont promis	Je promettrai Tu promettras Il } Elle } promettra Nous promettrons Vous promettrez Ils } Elles } promettront

	PRÉSENT	PASSÉ COMPOSÉ	FUTUR
se plaindre	Je me plains Tu te plains Il } Elle } se plaint Nous nous plaignons Vous vous plaignez Ils } Elles } se plaignent	Je me suis plaint Tu t' es plaint(e) Il } Elle } s' est plaint(e) Nous nous sommes plaint(e)s Vous vous êtes plaint(e)s Ils } Elles } se sont plaint(e)s	Je me plaindrai Tu te plaindras Il } Elle } se plaindra Nous nous plaindrons Vous vous plaindrez Ils } Elles } se plaindront

mourir	PASSÉ COMPOSÉ	Il est mort Elle est morte Ils sont morts Elles sont mortes	FUTUR	Je mourrai ... Il (elle) mourra Ils (elles) mourront

Les relatifs

qui : C'est le garage **qui** se trouve près de chez moi.

que : Je ne connais pas le livre **que** vous avez publié.

dont : C'est la personne **dont** je vous ai parlé.
On demande la personne **dont** la voiture est garée devant la porte du magasin.

à qui : Je connais bien le médecin **à qui** il s'est adressé.
(pour les noms de personnes seulement).

ou, d'où : Dans la région **où** j'habite il n'y a pas beaucoup d'usines.
(lieu) Dans la région **d'où** je viens, il n'y a pas beaucoup d'usines.

en ... beaucoup

— Vous avez... ? — Oui, j'ai beaucoup de ...   → J'**en** ai beaucoup.
                                   un peu de ...   un peu.
                                   trop de ...   trop.
                                   assez de ...   assez.
                                   quelques ...   quelques-uns (unes).
                                   plusieurs ...   plusieurs.
                                   mille ...   mille.

Test

Complétez en employant des relatifs.

1. C'est une étudiante ... travaille avec moi. — **2.** Je n'aime pas beaucoup la voiture ... tu as choisie. — **3.** Je cherche l'étudiante ... j'ai prêté de l'argent. — **4.** La maison ... Paul habite est très belle. — **5.** Tu peux me rendre l'argent ... je t'ai prêté ? — **6.** Toutes les personnes ... j'ai montré ces photos les ont beaucoup aimées. — **7.** C'est un pays ... j'ai beaucoup d'amis. — **8.** C'est une jeune femme ... Hélène a rendu beaucoup de services. — **9.** C'est une ville ... j'oublie toujours le nom. — **10.** Ils n'ont pas les livres ... je leur ai demandés.

Répondez aux questions posées par une phrase complète en utilisant *en ... un ...*

1. Vous connaissez plusieurs langues ?

2. Vous avez une voiture ?

3. Vous pouvez me prêter quelques livres ?

4. Vous prendrez un peu de poisson ?

5. Vous avez assez d'argent ?

6. Ils vendent beaucoup de légumes ?

Utilisez le pronom qui convient.

Olivier aime beaucoup les Renault. Il ... l'été dernier. *(acheter une Renault.)*

On ne m'a pas rendu mes papiers. Je vais ... *(réclamer mes papiers).*

Le gouvernement a promis une aide aux agriculteurs. Il ... dans dix jours. *(verser une partie.)*

J'aime beaucoup les arbres. Je ... quand j'habiterai la campagne. *(planter quelques arbres.)*

J'ai besoin d'argent, mais je peux ... à Patrick. *(emprunter de l'argent.)*

Documents complémentaires

Opération* sourire

Les 14 et 15 août, 6 millions d'habitants des villes rencontreront 7000 jeunes agriculteurs. Trente départements du Midi, de l'Est, du Massif Central, de l'Ouest et du Sud-Ouest proposeront des produits régionaux* aux touristes : vins, légumes, fruits, fromages...

Cette rencontre permettra aux touristes de trouver des produits de qualité qui viennent directement de la campagne, mais elle permettra surtout aux agriculteurs de se faire mieux connaître.

« On oublie souvent que les agriculteurs nourrissent* la population... »

« On nous présente comme des gens qui se plaignent toujours. »

« Nous voulons montrer que ce n'est pas vrai... »

Les producteurs de lait : une situation difficile.

La sécheresse* de cette année a mis les producteurs de lait dans une situation difficile. Si la pluie ne tombe pas avant le 15 août, la production de lait risque de diminuer encore car on aura du mal à trouver assez d'aliments pour les vaches*... et les revenus des producteurs continueront à baisser.

Agriculture : une bonne année ?

Après un printemps très pluvieux*, la France a connu l'été le plus froid depuis soixante ans.

Pourtant, «après trois années difficiles où la production a souvent diminué, on connaîtra cette année un retour à la normale» a dit le Président de la République, après une réunion de travail avec les responsables de l'agriculture et les représentants des quatre grands syndicats paysans.

Dans l'ensemble, donc, l'année sera bonne : la production a augmenté de 4 %, et le revenu des agriculteurs de 3 à 4 %. On peut donc être optimiste. Pourtant, les difficultés ne manquent pas.

Si les pays méditerranéens entrent comme prévu dans le Marché commun, cela risque de causer beaucoup de tort aux agriculteurs du Midi, dont la situation est déjà très difficile.

Bien sûr, 45 milliards de produits agricoles seront vendus hors de France. Mais la balance du commerce extérieur sera tout juste équilibrée*.

D'autre part, 14 milliards seront prêtés aux agriculteurs (avec un intérêt très bas : le Crédit agricole prête à 4,5 % sur 20 ou 30 ans) mais le prix des terres continue à augmenter et beaucoup de jeunes agriculteurs ne réussissent pas à en acheter.

───────────────────────────────────── ANNEXE 38 (unité 1)

L'EMPLOI DU PASSÉ COMPOSÉ ET DE L'IMPARFAIT (introduction)

● *Mettez les verbes au temps qui convient. Attention, lisez d'abord la phrase complète pour distinguer "SITUATION" et "EVENEMENT".*

1. Hier soir, j' (être) . . . . fatigué alors (je (regarder) . . . . la télévision. — 2. Ils (déménager) . . . . parce que l'appartement (être) . . . . trop petit. — 3. Il n'y (avoir) . . . . plus de places assises alors il (voyager) . . . . debout. — 4. Il y (avoir) . . . . un STOP mais le camion (ne pas pouvoir) . . . . s'arrêter. — 5. Nous (regarder) . . . . la télévision quand l'orage (éclater) . . . . — 6. Je (ne pas sortir) . . . . parce qu'il (faire) . . . . trop froid. — 7. Je (me garer) . . . . là parce qu'il (ne pas y avoir) . . . . pas de place devant la maison. — 8. La police (l'arrêter) . . . . parce qu'il (aller) . . . . trop vite. — 9. Il (dormir) . . . . encore quand nous (arriver) . . . . — 10. Elle (ne pas vouloir) . . . . conduire parce qu'il (pleuvoir) . . . .

───────────────────────────────────── ANNEXE 39 (unité 1)

L'EMPLOI DU PASSÉ COMPOSÉ ET DE L'IMPARFAIT (renforcement)

● *Mettez les verbes au temps qui convient ; lisez d'abord la phrase complète.*

1. Les salaires (être) . . . . très bas mais les ouvriers (obtenir) . . . . une augmentation importante pour le mois prochain. — 2. Nous (prendre) . . . . le café quand le télégramme (arriver) . . . . — 3. Nous (décider) . . . . de sortir avec les enfants parce qu'il (faire) . . . . très beau. — 4. Il (être) . . . . en retard : il (ne pas pouvoir) . . . . prendre le train de 8 h 15. — 5. Hier, c'(être) . . . . le 31 juillet : 13 millions de Français (se croiser) . . . . sur les routes ! — 6. Quand Philippe (nous rejoindre) . . . . à N..., il (être) . . . .

presque minuit. — 7. Nous (aller) . . . . en Italie en Juin : il n'y

avoir) . . . . pas beaucoup de touristes. — 8. Il (rentrer) . . . .

. . . . très tard hier soir, je (dormir) . . . . déjà. — 9.

A son dernier voyage, il (voyager) . . . . en première classe parce

qu'il (vouloir) . . . . être plus à l'aise. — 10. Elle (se mettre en

colère) . . . . parce qu'elle (devoir) . . . .

rester à la maison pour attendre M. Garnier.

LES PRONOMS RELATIFS *QUI, QUE, A QUI*
utilisés avec les pronoms démonstratifs

- *Complétez les phrases suivantes suivant l'exemple donnée ci-dessous :*
  EXEMPLE :   Cette personne, je la connais ; c'est *celle qui* conseille les étudiants étrangers.

1. Les paysans ? Ce sont . . . . partent le moins en vacances. — 2.
Cette secrétaire, c'est . . . . tu dois t'adresser pour avoir tous les
renseignements. — 3. Tu vois cet automobiliste ? C'est . . . . la police a
arrêté sur l'autoroute. — 4. Ce guide ? C'est . . . . nous a fait visiter
le Louvre. — 5. Ces gens là-bas, ce sont . . . . nous avons demandé
de l'aide hier quand nous étions en panne sur la route. — 6. Cette agence ? Elle est très sérieuse ;
c'est . . . . j'ai contactée pour mon voyage en Inde. — 7. Le monsieur
qui arrive, c'est . . . . vous devez donner votre passeport. — 8. Ces
arbres ? Ce sont . . . . mon père a plantés il y a 20 ans. — 9. Les
photos de Pierre ? Ce sont . . . . je préfère. — 10. Un client vous
attend, c'est . . . . vous devez préciser les horaires de train.

VOCABULAIRE ET SYNTAXE

I. FORMES PARENTES

- *Transformez le verbe ou l'expression verbale en nom ou adjectif selon les cas :*

1. Est-ce que vous êtes satisfait ? — Oui, pour le moment, les résultats sont . . . .
— 2. Est-ce qu'elle vous a précisé le nombre d'activités ? — Non, elle ne m'a donné aucune
. . . . — 3. Faut-il préciser la quantité d'argent dépensé ? — Oui,
vous devez indiquer la somme . . . . — 4. La météo a prévu du
beau temps et il pleut ... ! — Oh, vous savez, ici les . . . . sont diffi-

ciles à faire ! — 5. Vous n'aviez pas prévu de déménager aussi vite ! — Mais non, c'est un départ

. . . . ! — 6. Alors, qu'est-ce que vous avez décidé ? — Nous

n'avons pris aucune . . . . pour le moment. — 7. Il a gelé la

semaine dernière. Est-ce que c'est grave pour les récoltes ? — Bien sûr, les . . . .

du mois de mai causent toujours beaucoup de dégâts dans notre région. — 8. Est-ce qu'on peut

choisir ? — Oui, vous avez trois sujets de composition . . . . —

9. Qu'est-ce qu'il a choisi ? — Il avait . . . . entre un vase en

cuivre et 12 verres : il a pris les verres. — 10. Est-ce que vous avez économisé un peu d'argent ?

— Oui, mais nos . . . . ne nous permettront pas d'aller jusqu'à

la fin de l'été.

II. SYNONYMES

● *Remplacez le mot ou l'expression souligné(e) par un synonyme contenu dans le dossier (réécrivez toute la partie de phrase concernée).*

1. Tout augmente en ce moment : les gens dont les salaires sont bas ont beaucoup de difficultés.

. . . .

2. J'ai fait beaucoup de voyages mais c'est celui que j'ai fait en Chine qui a été le plus étonnant.

. . . .

3. Excusez-moi, je dois partir tout de suite ! . . . .

. . . .

4. Cette année, la production a diminué de 3,5 %. . . . .

. . . .

5. Il me faut une valise seulement. . . . .

. . . .

6. Il demande le livre qu'il t'a prêté le mois dernier. . . . .

. . . .

7. Je ne pense pas partir tout de suite. . . . .

. . . .

8. A la fin de son voyage aux États-Unis, le Président a dit qu'il était satisfait. . . . .

. . . .

9. J'ai une étudiante qui fait toujours des exercices en plus. . . . .

. . . .

10. Pour acheter cet appartement, nous avons dû donner 50 000 francs d'avance. . . . .

. . . .

III. MOTS DE RELATION

● *Complétez les phrases suivantes par le mot de relation qui manque :*

1. Nous n'avons pas pu pique-niquer . . . . de la pluie. — 2. Cette année, nous paierons beaucoup d'impôts . . . . à l'an dernier. — 3. C'est . . . . vous que j'ai passé d'aussi bonnes vacances. — 4. Les frais de voyage et de séjour sont payés, ... vous devez prévoir un peu d'argent pour vos dépenses personnelles. — 5. Le ministre de l'Agriculture veut aider les paysans . . . ., le ministre des Finances n'est pas d'accord. — 6. L'examen doit avoir lieu lundi. le professeur est entré à l'hôpital hier soir... Nous attendons la décision du directeur du lycée.

IV. CONSTRUCTION DE PHRASES

● *Faire une phrase complète en utilisant les éléments ci-dessous :*

1. Certains ... D'autres ... : . . . .
. . . .
. . . .

2. D'habitude ..., mais cette année ... : . . . .
. . . .
. . . .

3. ... à partir de ... et jusqu'... : . . . .
. . . .

4. ... Heureusement, ... : . . . .
. . . .
. . . .

5. ... En attendant, ... : . . . .
. . . .
. . . .

10. BUDGET

1. Faut-il faire son budget ?

Hélène   J'ai fait mes courses.
J'en ai pour 250 F
dans ce panier.
Philippe   250 F ! C'est énorme !
Hélène   Tout augmente.
L'an dernier,
une bouteille d'huile
coûtait 5,50 F.
Cette année,
elle coûte 7 F.

BANQUE DE PARIS

Quand on parle de budget,
on pense aussitôt
aux longues discussions
de l'Assemblée nationale.
Mais le budget, c'est aussi
le budget de la famille, celui dont le mari
et la femme discutent.

Chaque mois, on reçoit un salaire
qui permet de vivre.
Mais il faut tout calculer :
l'autobus ou le métro,
l'évier qui est bouché,
la voiture dont on rêve.

Beaucoup de personnes
vivent sans compter
et s'aperçoivent le 20 du mois
qu'elles n'ont plus d'argent.

81 % des femmes pensent donc
qu'il faut surveiller
les dépenses de la famille :
l'une remplit un petit cahier ;
l'autre fait des enveloppes.

Mais on oublie toujours quelque chose.
Pour vous aider, la Banque de Paris
vient de publier un petit livre :
« Je fais mes comptes
5 minutes par jour ».

JE FAIS
MES
COMPTES
5 min
PAR
JOUR

Avec ce livre
vous ferez certainement des économies !

2. Inflation :
le point de vue
du ministre de l'Économie

D'après les derniers chiffres de l'I.N.S.E.E.,
les prix ont augmenté de 0,90 % en août.

ELECTRICITE DE FRANCE			GAZ DE FRANCE		
CODE	RELEVÉ DES COMPTEURS		PRIX AU KWh ou THERMIES	CONSOMMATION HORS-TAXES	ABONNEMENT	TOTAL
	ANCIEN	NOUVEAU				
E	3064	3597	60 ct	319,80	35.00	354,80
G	718	1135	15 ct	625,50	85.00	710,50
					À PAYER	1065,30

Cette hausse est causée en grande partie
par l'augmentation des tarifs
du gaz et de l'électricité.

Mais le ministre de l'Économie pense
que c'est aussi le résultat
de l'augmentation trop rapide
des salaires en France.

En effet, d'après lui, la hausse des salaires
peut d'abord avoir des conséquences positives
sur l'économie : les ouvriers dont les salaires
ont augmenté achèteront davantage.

Malheureusement, pour augmenter les salaires,
les entreprises sont obligées d'augmenter
aussi le prix de leurs produits.

Or, la hausse des salaires,
qui était de 4,1 % au 1er trimestre,
a été de 4,3 % au 2e trimestre.
Et l'augmentation du S.M.I.C.[1]
(6,2 % au 1er juillet)
est très supérieure à celle des prix.

Pour arrêter l'inflation, le ministre pense donc
que les Français doivent être plus raisonnables
et qu'il faut limiter l'augmentation des salaires.

Est-ce que les Français accepteront
de faire l'effort qu'on leur demande ?

Le ministre de l'Économie
aura certainement
beaucoup de mal
à les persuader.

(1) Salaire Minimum Interprofessionnel de Croissance.

215

3. Vos vêtements pour cet hiver

Les vacances viennent de se terminer.
Pourtant, il faut déjà penser à l'hiver...
et acheter de nouveaux vêtements.

Bien sûr, vous avez encore
ceux que vous portiez l'an dernier.
Mais la mode a changé,
et vos enfants ont grandi.

Alors, il faut quand même acheter.
Et tout a augmenté !
Il vaut sans doute mieux
renoncer au cuir
et à la fourrure,
qui sont très chers.

Mais rassurez-vous, on trouve encore des vêtements
de bonne qualité à des prix raisonnables.
Nous les avons cherchés pour vous.

Nous avons choisi :
— pour travailler, une tenue pratique :
une jupe et un chemisier à carreaux ;
— pour sortir, une robe simple,
mais très élégante.

Pour vos enfants,
prenez des vêtements confortables.
Nous avons choisi :
— des pantalons et des jupes à carreaux ;
— des pulls en grosse laine.

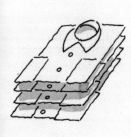

4
CHEMISES
POUR
150F

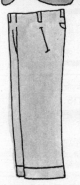

Pour votre mari,
faites une provision de chemises.
Celles que nous vous proposons
sont à un prix très raisonnable,
et vous n'aurez pas besoin
de les repasser.

Comme tenue
de campagne,
achetez-lui
une grosse veste
et un pantalon.

4. La consommation des familles en France en 1974

	A Pourcentage des dépenses 1974	B Augmentation de la consommation 1959-1974
1. Nourriture	25,92 %	52,8%
2. Logement	22,21 %	168,8%
3. Santé	13,8 %	260,9%
4. Transports et télécommunications (téléphone, télégraphe, etc.)	10,55 %	191,3%
5. Hôtels et restaurants	10,16 %	103,5%
6. Vêtements	8,71 %	90,6%
7. Culture et distractions	8,63 %	203,7%
Augmentation moyenne		123 %

Les chiffres de la page 126 permettent de constater qu'en 1974 la nourriture et le logement ont représenté 50 % des dépenses de la famille française. On trouve ensuite la santé, les transports et les télécommunications (télégrammes, téléphone), les hôtels et les restaurants, les vêtements, et enfin la culture et les loisirs.

Quand on compare ces chiffres à ceux de 1959, on remarque qu'en 1959 la culture et les loisirs tenaient une place beaucoup moins importante dans le budget des Français.

Mais, en ce qui concerne la santé, il faut bien noter que les chiffres indiqués ne comprennent pas seulement les frais médicaux (médicaments, séjours dans les hôpitaux, etc.); les produits de beauté représentent 17 % du total.

D'autre part, en ce qui concerne les loisirs, c'est le développement de la télévision et des livres à bon marché qui explique en grande partie l'augmentation des dépenses.

Grammaire

Imparfait Une bouteille d'huile coûtait 5,50 F,
... ceux que vous portiez l'an dernier,
... la culture et les loisirs tenaient
une place beaucoup moins importante...

Exercices

1

Imparfait

Observez

QUELQUES PRIX (en francs)

	en 1968	cette année
le ticket de métro (2ᵉ cl.)	0,60	1,20
un journal	0,40	1,80
un billet de train (2ᵉ cl.)	0,11 le km	0,18 le km
une Citroën 2 CV	6 000	14 000

Faites quelques phrases à partir du tableau

En 1968, le ticket de métro coûtait 0,60 F ; cette année, il coûte 1,20 F.

...

Observez

L'AUGMENTATION DES SALAIRES

	1971	actuellement
cadres* supérieurs	60 200	102 600
cadres moyens	28 700	50 900
employés	15 300	29 200
ouvriers	14 100	27 100

Faites quelques phrases à partir du tableau

En 1971, un cadre supérieur gagnait 60 200 F par an ; actuellement, il gagne 102 600 F.

Observez et répétez

BUDGET : QUI DÉCIDE ?

Aujourd'hui, le mari et la femme s'occupent tous les deux du budget :
 ils font les gros achats,
 ils choisissent la voiture,
 ils déclarent* leurs revenus,
 ils payent leurs impôts,
 ils remplissent les papiers ensemble.

Transposez

Mais il y a quelques années, c'est souvent le mari qui s'occupait seul du budget :
→ c'est lui qui...

Attention

il choisit /	il choisissait
il remplit /	il remplissait
il fait /	il faisait

Observez et répétez

— Vous prenez le métro pour aller travailler ?
 — Non, je le prenais l'an dernier (je ne conduisais pas encore). Mais cette année, je prends la voiture.

Apprenez

Je	prenais	Je	conduisais
Tu	prenais	Tu	conduisais
Il Elle On	prenait	Il Elle On	conduisait
Nous	prenions	Nous	conduisions
Vous	preniez	Vous	conduisiez
Ils Elles	prenaient	Ils Elles	conduisaient

L'achat d'un appartement

Observez

● Il faut avoir 20 % du prix de l'appartement.

● Les remboursements des prêts obtenus ne doivent pas dépasser 30 % du salaire.

Jean AUDIARD :

Prix de l'appartement : 300 000 F
Économies : 120 000 F
Prêt demandé : 180 000 F à 11,5 %
Remboursement : 2 100 F par mois
Salaire mensuel : 5 200 F

Jean Audiard désire acheter un appartement, mais cet appartement coûte 300 000 F et il a seulement 120 000 F d'économies. Il doit donc emprunter 180 000 F à la banque et il devra rembourser 2 100 F par mois, mais il ne gagne que 5 200 F par mois. Les remboursements dépassent donc 30 % de son salaire mensuel. Cet achat est impossible.

Étudiez ces autres exemples

Françoise BAUDET :

Prix de l'appartement : 250 000 F
Économies : 100 000 F
Prêt demandé : 150 000 F à 12 %
Remboursement : 1 440 F par mois pendant 15 ans.
Salaire mensuel : 4 500 F.

Jacques CHÂTEL :

Prix de l'appartement : 420 000 F
Économies : 200 000 F
Prêt demandé : 220 000 F à 12,75 %
Remboursement : 2 728 F par mois pendant 15 ans.
Salaire mensuel : 7 800 F.

À la banque

Observez et répétez

Un client : Je voudrais acheter un appartement, et je voudrais savoir quelle somme je peux emprunter.
L'employé : L'appartement que vous désirez coûte combien ?
Le client : 300 000 francs.
L'employé : Et vous voudriez emprunter combien ?
Le client : 180 000 francs.
L'employé : 180 000 francs à 11,5 %, ça fait 2 100 francs par mois pendant 15 ans. Vous gagnez combien par mois ?
Le client : 5 200 francs.
L'employé : Alors, c'est impossible. Les remboursements ne doivent pas dépasser 30 % de votre salaire.

À partir des autres exemples, faites des dialogues sur le même modèle
Françoise BAUDET : →...

2

Lexique

Observez et répétez

Dans certains pays, les prix ont augmenté de 10 %.

Si vous achetez cet appartement, vous remboursez 1 000 F par mois.

L'année dernière, nous avons exporté 2 millions de voitures.

À l'heure actuelle, nous produisons 100 000 voitures par mois.

Cette année, la France a consommé 171 milliards de kW/h (kilowatt/heure) d'électricité.

Cette année, les prix augmentent de 1 % chaque mois.

Transposez, en utilisant les noms production, augmentation, exportation, remboursement, consommation.

→ Dans certains pays, l'augmentation des prix a été de 10 %.
→ ...

d'après moi, d'après lui, d'après elle

Observez et répétez

— *Tu* penses qu'Hélène réussira à son examen ?
— Oui, d'après moi, elle réussira !

Remplacez

tu → il, elle, ils, elles, vous.

222

Observez et répétez

Monique veut partir, mais elle pense que ce n'est pas raisonnable.

Olivier n'est pas content, il pense que son fils ne travaille pas assez.

Philippe va essayer de nous rejoindre, mais je pense que ce sera difficile.

Les syndicats ne sont pas très optimistes, ils pensent que les prix vont augmenter.

Transposez

→ D'après elle, ce n'est pas raisonnable.
→ ...

Lexique

proposer, accepter

Observez et répétez

Éric : Je n'ai pas de chambre !
Robert : Je peux t'en prêter une.
Éric : Non merci, je trouverai une solution.

Michel : Tu sors avec moi ce soir ?
Marie : D'accord ! Qu'est-ce qu'on fait ?
Michel : On pourrait aller au cinéma...
Marie : Oh non, je n'ai pas envie !

Robert à Michel :
Éric n'a pas de chambre, je lui en ai proposé une mais il n'a pas accepté.

Michel à Robert :
J'ai proposé à Marie de sortir ce soir ; elle a accepté mais elle n'avait pas envie d'aller au cinéma.

Sur ce modèle, faites vous-même de petits dialogues et leur commentaire

conseiller à quelqu'un de... ; persuader quelqu'un de...

Observez et répétez

Luce : Je ne sais pas ce que j'ai, ça ne va pas.
Patrick : Tu devrais *sortir plus souvent*.

Patrick à Olivier : Luce n'allait pas bien. Je lui ai conseillé de sortir plus souvent. J'espère que je l'ai persuadée.

Remplacez

sortir plus souvent → voir des amis
voyager
aller à la campagne

réclamer, obtenir

Observez et répétez

— Qu'est-ce qu'ils veulent ?
— Ils réclament *une augmentation de salaire*.
— Tu penses qu'ils vont l'obtenir ?
— Ils auront du mal !

Remplacez

une augmentation de salaire
→ deux jours de congé supplémentaire
plus de temps pour prendre leur repas
de meilleures conditions de travail

3

Imparfait

```
┌──────────────── Enquête sur les dépenses des Français ────────────────┐
│  L'an dernier                                                          │
│                    plus  │         ...        ...        ...      que  │
│  achetiez-vous     moins │ de vêtements ...  de livres ...  de journaux ...  cette │
│                    autant│         ...        ...        ...      année │
│                                                                        │
│                    plus  │         ...                                 │
│  dépensiez-vous    moins │ d'argent pour vos repas ...                 │
│                    autant│         ...                                 │
│                                                                        │
│                    plus  │                    ...              ...     │
│  faisiez-vous      moins │ attention à vos frais de téléphone ...  de gaz et d'électricité ... │
│                    autant│                    ...              ...     │
│                                                                        │
│                    plus  │         ...        ...                      │
│  alliez-vous       moins │ souvent au cinéma ...  au restaurant ...    │
│                    aussi │         ...        ...                      │
│                                                                        │
│                    plus  │         ...              │ plus        ...  │
│  receviez-vous     moins │ souvent des amis ...  faisiez-vous │ moins │ d'économies ... │
│                    aussi │         ...              │ autant      ...  │
│                                                                        │
│                    plus  │         ...                                 │
│  aviez-vous        moins │ de mal à terminer vos mois ...              │
│                    autant│         ...                                 │
└────────────────────────────────────────────────────────────────────────┘
```

Posez les questions à une vingtaine de personnes et mettez une croix (x) dans la colonne qui correspond à leur réponse.

Écrivez les résultats de votre enquête

« Sur... personnes interrogées, ...ont dit qu'elles achetaient... vêtements cette année que l'année dernière. »...

Apprenez

acheter		faire		recevoir		avoir	
J'	achetais	Je	faisais	Je	recevais	J'	avais
Tu	achetais	Tu	faisais	Tu	recevais	Tu	avais
Il Elle On	achetait	Il Elle On	faisait	Il Elle On	recevait	Il Elle On	avait
Nous	achetions	Nous	faisions	Nous	recevions	Nous	avions
Vous	achetiez	Vous	faisiez	Vous	receviez	Vous	aviez
Ils Elles	achetaient	Ils Elles	faisaient	Ils Elles	recevaient	Ils Elles	avaient

celui qui..., celui que..., celui dont... (rappel)

Observez et répétez

Vous cherchez un *manteau*?* Celui dont vous *avez envie* se trouve certainement dans notre catalogue !

Remplacez

manteau → robe, jupe, chemise, veste, pull, chemisier
avoir envie → avoir besoin, vouloir, convenir.

déjà, ne pas... encore

Observez et répétez

— Il est déjà parti ?
  — Oui, il est parti il y a une heure.

— Il n'est pas encore parti ?
  — Non, pas encore, mais il va partir dans quelques minutes.

Faites des dialogues semblables en utilisant les verbes rentrer, téléphoner, arriver, venir.

encore, toujours, ne... plus

Observez et répétez

— Vous fabriquez toujours des camions ? (Vous fabriquez encore des camions ?)	— Non, nous en fabriquions il y a quelques années, mais nous n'en fabriquons plus.

Prépositions à, de, en

Observez et répétez

Chez LAURENT, du 3 au 10 janvier, DES AFFAIRES !!!

Des vêtements d'une qualité extraordinaire, à des prix extraordinaires !

  Des vêtements de laine
  Des vêtements de cuir
  Des chemisiers de coton* unis*, à carreaux, à fleurs*...

Quelques exemples de prix :

  Une jupe en laine à 80 F.
  Une veste en cuir à 540 F.
  Un chemisier en coton à 30 F.

Décrivez la tenue de ces personnes

4

Vocabulaire

médical, médicaux

En 1977, les dépenses médicales (les frais médicaux) ont représenté 7 % du produit national. Il y a 3 465 hôpitaux en France, c'est-à-dire 1 hôpital pour 15 290 habitants.

Est-ce que vous gaspillez ?

Choisissez-vous les produits les plus chers en pensant qu'ils sont les meilleurs ?

Achetez-vous des produits à bon marché sans connaître ou vérifier leur qualité ?

Achetez-vous sans comparer le prix dans plusieurs magasins ?

Achetez-vous des médicaments dont vous n'avez pas vraiment besoin ?

Faites-vous un achat (nourriture, matériel) sans calculer la quantité exacte qui vous est nécessaire ?

1. Interrogez 20 personnes de 30 à 40 ans. 2. Répondez aux questions.

1. ... % des personnes interrogées disent...

2. Si vous avez 5 oui, vous gaspillez beaucoup. — Si vous avez 3 ou 4 oui, vous êtes dans une bonne moyenne. — Si vous avez 2 oui, vous êtes très économe. — Si vous avez 1 ou 0 oui, vous êtes peut-être un peu trop économe !

constater

Observez les tableaux

Dossier 10, p. 80 (Quelques prix).
Dossier 9, p. 74 (Augmentation ou baisse du revenu des producteurs).

Faites des phrases en utilisant le verbe constater

— Quand on examine ce tableau, on constate qu'une Citroën 2 CV coûtait...
— Ce tableau permet de constater que...

noter

Observez et répétez

Un conseil : quand vous prenez l'avion, notez bien le nom de la compagnie, le numéro* du vol, l'heure de départ, l'heure d'arrivée.

Observez et répétez

— Vous avez noté l'*heure de départ ?*
— Ah non, j'ai oublié de la noter.

Remplacez

heure de départ →	heure d'arrivée,
	nom de la compagnie,
	numéro de vol

remarquer

Observez et répétez

— Tu as vu la *robe* que Christine portait hier ?
— Ah non, je n'ai pas remarqué.

Remplacez

robe → chemisier, pantalon, veste

représenter

Observez le tableau

« La consommation des familles en France »
(p. 218).

Faites quelques phrases à partir de ce tableau, en utilisant représenter

En 1974, la nourriture a représenté 25,92 % des dépenses des Français...

Observez

--- ENQUÊTE : ÊTES-VOUS OPTIMISTE ? ---

● Un appartement, qu'est-ce que cela représente pour vous ?

a) un endroit où vous dormez
b) un endroit qu'il faut nettoyer

c) un loyer à payer
d) un endroit où vous aimez vous trouver

● Un repas chez vous, avec des amis, qu'est-ce que cela représente pour vous ?

a) de la cuisine à faire
b) une soirée fatigante

c) des frais
d) un moment agréable

● Une soirée au cinéma, qu'est-ce que cela représente pour vous ?

a) un effort pour sortir
b) deux heures de voiture

c) deux places à payer
d) un film intéressant

● Un voyage, qu'est-ce que cela représente pour vous ?

a) des valises à faire
b) des ennuis de voiture

c) de l'argent à dépenser
d) un pays et des gens nouveaux

Choisissez une réponse pour chaque question (a, b, c = 0 ; d = 1).

Résultats : 0, vous êtes très très pessimiste ; 1, vous êtes assez pessimiste ; 2, vous êtes dans la moyenne ; 3, vous êtes assez optimiste ; 4, vous êtes très optimiste.

Synthèse

s'apercevoir

PRÉSENT	PASSÉ COMPOSÉ	FUTUR
Je m' aperçois Tu t' aperçois Il Elle } s' aperçoit Nous nous apercevons Vous vous apercevez Ils Elles } s' aperçoivent	Je me suis aperçu(e) Tu t' es aperçu(e) Il Elle } s' est aperçu(e) Nous nous sommes aperçu(e)s Vous vous êtes aperçu(e)s Ils Elles } se sont aperçu(e)s	Je m' apercevrai Tu t' apercevras Il Elle } s' apercevra Nous nous apercevrons Vous vous apercevrez Ils Elles } s' apercevront

L'imparfait

● Verbes comme	**habiter** **travailler** ...	J' habitais | Nous habitions Tu habitais | Vous habitiez Il } Elle } habitait | Ils } Elles } habitaient
● Verbes comme	Prés. 1re pers. plur. : **choisir** → nous choisissons *grossir, maigrir, ralentir, salir, réussir,* *atterrir, remplir, grandir*	Je choisissais
● Verbes comme	**partir** **attendre** + {**être** **mettre** {**avoir** **recevoir** *sortir vendre permettre s'apercevoir* *dormir rendre promettre* *tenir vivre* *obtenir* *venir* *convenir*	Je partais | J'étais J'attendais | J'avais Je mettais Je recevais
● Verbes comme	Prés. 1re pers. plur. : **conduire** → nous conduisons **boire** buvons **rejoindre** rejoignons **croire** croyons *dire, s'inscrire, faire, se plaindre,* *se distraire*	Je conduisais Je buvais Je rejoignais Je croyais

Test

Mettre les verbes à l'imparfait.

1. Hier, le thermomètre ... quelle température ? *(indiquer)*
2. Elle ... beaucoup, alors elle est allée voir un médecin. *(maigrir)*
3. Où est-ce que Michel ... quand tu l'as rencontré ? *(vivre)*
4. Vous ne ... pas partir ? *(pouvoir)*
5. Qui est-ce qui ... quand l'accident a eu lieu ? *(conduire)*
6. Qu'est-ce que vous ... ? *(dire)*
7. L'année dernière, beaucoup d'agriculteurs ... de la sécheresse *(se plaindre)*
8. Je ... souvent cette robe l'an dernier mais maintenant je ne la porte plus. *(mettre)*
9. Qu'est-ce que Paul ... à Nice ? *(faire)*
10. Où est-ce que tu ... hier soir à 8 heures ? *(être)*

Document complémentaire

Le niveau de vie des Français s'améliore, c'est vrai !
Malheureusement pas pour tout le monde...

La crise* économique est là. L'indice* des prix de septembre atteint 1,1 %. Le ministre de l'Économie vient de dire que ce chiffre indiquait « un ralentissement de l'inflation ». Pourtant, si cela continue, la hausse des prix atteindra* 15 % cette année. Contre 7,3 % l'année dernière et 6 % l'année d'avant.

Nous sommes allés voir Madame Lucette B..., mariée*, deux enfants, qui, comme beaucoup de Français, se plaint des conditions de vie actuelles* :

« Pour l'alimentation* générale*, j'ai dépensé 437 F en avril et 566 F en septembre : une augmentation de presque 30 %. Un exemple ? Le kilo de sucre est passé de 1,55 F à 2,10 F en quatre mois.

Les charges* de l'appartement, qui étaient de 368 F en avril , atteignent 437 F en septembre ; c'est le chauffage* et l'ascenseur qui ont le plus augmenté.

Avec cette inflation, nous ne pouvons plus mettre d'argent de côté et nous devons même vivre sur nos économies. Et ce n'est pas la fin de la hausse des prix, au contraire*... »

Pourtant les B... vivent normalement, savent organiser leur budget et ne gaspillent pas.

« Nos dépenses-loisirs sont réduites au minimum*, et des milliers de familles vivent comme nous... »

L'« extra* », le « superflu* » sont en effet des choses que des millions de Français ne connaissent pas. Et plus que des données* statistiques cet exemple montre bien que la situation économique des Français n'est pas bonne.

Est-ce que les mesures prises actuellement réussiront à ralentir l'inflation ? Les syndicats ne sont pas optimistes. La plupart* des familles non plus.

_____ **ANNEXE 42 (unité 1)**

L'IMPARFAIT
par rapport au présent et au passé composé

● *Lisez la phrase complète, puis mettez les verbes au temps qui convient.*

1. Je les (rencontrer) . . . . ce matin, ils (discuter) . . . .
. . . . de choses très sérieuses ! – 2. Avant, je (remplir) . . . .
des petits cahiers, mais maintenant je (ne plus avoir envie) . . . .
de le faire. – 3. Elle est très contente : son mari (lui acheter) . . . .
la voiture dont elle (rêver) . . . . – 4. L'année dernière, tu (être)
. . . . à l'université et cette année, qu'est-ce que tu (faire) . . . . .
. . . . ? – 5. Quand nous sommes sorties du restaurant, nous (s'apercevoir) . . . . que la voiture n'(être) . . . . plus là ! –
6. Avant, je (dépenser) . . . . sans compter; depuis mon mariage, je
(faire) . . . . beaucoup plus attention ! – 7. Il (pleuvoir) . . . .
. . . . alors je (ne pas sortir) . . . . faire
mes courses. – 8. Il (manquer) . . . . 100 francs quand le magasin
a fermé hier soir, alors nous (tout recalculer) . . . .

DOCUMENT : Dans une boutique de mode
(enrichissement)

Dialogue entre une cliente et une vendeuse :

Cliente : Je voudrais essayer cette robe, s'il vous plaît.
Vendeuse : Mais oui Madame. Quelle est votre taille ?
Cliente : Il me faut du 40.
Vendeuse : Ah, je n'ai plus de 40 mais passez donc le 38, je pense qu'il vous ira.
Cliente *(à part)* : (tu parles ... avec mes rondeurs !)
Vendeuse *(quelques minutes après)* : Alors, comment ça va ?
Cliente : Pas très bien, le haut va mais le bas est beaucoup trop serré.
Vendeuse : Faites voir ... Mais non, elle tombe parfaitement bien cette robe !
Cliente *(à part)* : (Ah, toutes les mêmes !)
　　　　　(à haute voix) : Non, vraiment, j'aime être à l'aise dans les vêtements !

Dialogue entre une vendeuse et un client très élégant :

Client : Je voudrais un pantalon gris, s'il vous plaît.
Vendeuse : Bien Monsieur, quelle taille faites-vous ?
Client : Du 46, je pense ...
Vendeuse : Voilà du 46.
　　　　(quelques minutes après) : Il vous va ?
Client : Il est un peu trop grand. Avez-vous la taille au-dessous ?
Vendeuse : Attendez, je vais voir ...
　　　　(quelques instants après) : J'ai la taille au-dessous mais en marron seulement.
Client : Ah non, c'est du gris que je veux pour aller avec une veste marine.
Vendeuse : Vous pourriez prendre du beige alors ...
Client : Ah non, c'est trop salissant !
Vendeuse : Alors, je regrette ...

CHOMAGE, INQUIETS, MAIS PAS AFFOLÉS

1. *Avec laquelle de ces deux opinions êtes-vous le plus d'accord ?*

la famille, c'est important . . . . 78 %
la famille, c'est dépassé . . . . 15 %
ni l'un, ni l'autre . . . . 6 %
ne sait pas . . . . 1 %

2. *Par rapport à vos parents, pensez-vous avoir plus ou moins de chances qu'eux en ce qui concerne ...*

	plus de chances	moins de chances	pareil	ne savent pas
la possibilité de trouver du travail	21 %	59 %	18 %	2 %
la réussite financière	34 %	31 %	32 %	3 %
la réussite affective	40 %	7 %	48 %	5 %
la possibilité de vivre comme on veut	65 %	13 %	19 %	3 %
la liberté sexuelle	80 %	2 %	13 %	5 %

3. *Avez-vous l'impression qu'à l'heure actuelle trouver du travail c'est ...*

difficile . . . . 61 %
pas difficile si on le veut vraiment . . . . 38 %
sans réponse . . . . 1 %

4. *Dans la situation actuelle, pour trouver du travail, est-il préférable d'avoir fait des études...*

courtes avec une formation professionnelle 67 %
longues et avoir des diplômes . . . . . . 21 %
ni l'un, ni l'autre 6 %
ne sait pas . . . . 6 %

5. *Si vous aviez le choix, préféreriez-vous un travail ...*

plus intéressant, mais moins bien payé . . 58 %
un peu moins intéressant, mais mieux payé 37 %
ne savent pas . . . . 5 %

6. *Pour trouver du travail, accepteriez-vous d'aller vivre ailleurs ?*

oui . . . . 72 %
non . . . . 27 %
ne savent pas . . . . 1 %

Le point, n° 368, 8 octobre 1979.

DOCUMENT
Commentaire du sondage

Chômage : Inquiets mais pas affolés

Le sondage portait sur cinq cents Français de 18 à 24 ans, interrogés entre le 1er et le 6 septembre, et comportait une douzaine de questions sur le monde affectif, professionnel et sociologique des jeunes.

A partir des tableaux publiés ici, *il est intéressant de constater que* les jeunes gens ont une vision assez paisible du chômage. 61 % *considèrent qu'*il est, en effet, difficile de trouver du travail et qu'ils rencontrent plus de difficultés à en trouver que leurs parents au même âge, mais ils n'estiment quand même pas qu'ils sont défavorisés financièrement. Trente-deux pour cent d'entre eux *pensent qu'*ils ont les mêmes chances que leurs parents d'atteindre la réussite financière et 34 % plus de chances.

Autre signe surprenant : l'échec de la vie affective *est redouté* presque autant que le chômage : 8 % et 10 %.

Ce sentiment semble *confirmé* par la question "Que souhaitez-vous personnellement pour l'avenir ?" Parmi 10 propositions, 18 % seulement des jeunes *ont répondu :* "Trouver un emploi", alors que 53 % souhaitent exercer "un métier qu'on aime".

Une étude plus approfondie *montre* que les chômeurs eux-mêmes, 49 % d'entre eux, souhaitent d'abord trouver "un métier qu'on aime". Ceci est *confirmé* par cet autre *résultat :* 58 % des jeunes préfèrent un travail plus intéressant et moins bien payé à un travail moins intéressant mais mieux payé.

Un *autre sentiment* très fortement exprimé est la condamnation des études longues et des diplômes : 67 % des jeunes *se prononcent pour* des études courtes avec une formation professionnelle. Ceux qui font des études longues savent qu'ils rencontreront plus de difficultés que ceux qui ont suivi des études courtes : 61 % contre 54 %.

Enfin, 72 % des jeunes *sont prêts à* changer de vie, de ville ou de région pour trouver un emploi, ce qui va à l'encontre d'une jeunesse simplement résignée.

Le Point, n° 368, 8 octobre 1979.

VOCABULAIRE

● *Remplacez le mot ou l'expression souligné(e) par un équivalent (réécrivez la phrase complète).*

1. J'ai <u>tout de suite</u> pensé qu'il avait des ennuis graves. . . . .

. . . .

2. A partir de maintenant, je <u>ferai attention</u> à toutes ses dépenses ! . . . .

. . . .

3. Il paraît qu'il y aura une nouvelle <u>augmentation</u> du prix de l'essence le mois prochain. . . . . . .

. . . .

4. Depuis quelques mois, nous dépensons plus. . . . .
. . . .

5. Malheureusement, nous devons quitter cet appartement. . . . .
. . . .

● *Complétez les phrases suivantes :*

1. Il avait dit non, mais j'ai réussi à le . . . . de venir. — 2. Est-ce
que tu . . . . qu'il manquait quelque chose ? — 3. Je voulais faire
un voyage cet été mais je dois y . . . . car ma mère est très malade.
— 4. Jacques dépense tout son argent, il n'est pas . . . . ! — 5. J'ai dit
à mes étudiants : " . . . . , il n'y aura pas de question sur l'imparfait à l'examen ! "

_____ ANNEXE 46 (révision)

L'IMPARFAIT
par rapport au présent et au passé composé

● *Lisez la phrase puis mettez chaque verbe au temps qui convient. Attention aux marques tempo-
relles.*

1. Nous (habiter) . . . . à Paris depuis un an, avant, nous (vivre) . . . .
aux États-Unis. — 2. Il (partir) . . . . avant la fin parce que le film (ne
pas être) . . . . intéressant. — 3. Je (vouloir) . . . .
acheter une voiture mais en ce moment je (ne pas avoir) . . . . assez
d'argent. — 4. L'automobiliste (conduire) . . . . lentement mais il (ne
pas pouvoir) . . . . s'arrêter derrière le camion. — 5. Nous (avoir l'intention) . . . . de faire un voyage mais Pierre (décider) . . . .
. . . . de passer un mois à la montagne. — 6. Avant elle (faire) . . . .
des économies, aujourd'hui elle (vivre) . . . . sans compter. — 7. Tu
(avoir) . . . . quel âge quand tu (avoir) . . . . ton baccalauréat ? — 8. Quand
nous (arriver) . . . . , il (être) . . . .
encore au lit. — 9. Avant il me (téléphoner) . . . . tout le temps; ça fait
plusieurs mois que je (n'avoir) . . . . aucune nouvelle. — 10. Dans cet
hôtel, ils (ne pas accepter) . . . . les chèques : nous (devoir) . . . . . .
. . . . payer en argent liquide.

lexique

1. Les personnages

L'école de Pierre

un ami, une amie. Pierre est l'*ami* d'Évelyne. Évelyne est l'*amie* de Pierre.

Emploi du temps

alors. Maman travaille. *Alors* je vais à l'école.
mais.
— Tu travailles aujourd'hui ?
— Non, *mais* samedi, je travaille.
d'accord. = oui.

2. Cinéma

Qu'est-ce qu'on fait ce soir ?

on. Philippe + Hélène. (*On* va + je vais... et tu viens avec moi.)

---

aujourd'hui.   0 heure ⟷ 24 heures.

ce soir.   19 heures ⟷ 24 heures.

---

bon.
— Tu aimes les pommes ?
— Oui, c'est *bon.*
chez.
— Où est-ce que tu vas ?
— *Chez* Béatrice.
— Elle n'est pas *chez* elle. Elle est au cinéma.

ton.
— Pierre, c'est *ton* ballon ?
— Non, c'est le ballon d'Évelyne.

Résumé du film

fils. Pierre est le *fils* d'Hélène et de Philippe.
vouloir.
— Tu viens, Pierre ?
— Non, je ne *veux* pas aller à l'école.
rester.
— Tu *restes* ici, aujourd'hui ?
— Non, je sors !
pour. Je prends la voiture *pour* aller à la bibliothèque.
trouver. Je ne *trouve* pas les livres. Où est-ce qu'ils sont ?
place.
— Il travaille ?
— Oui, il a une bonne *place.*

Résumé du film (suite)

étranger.
— Il est français ?
— Non, il est *étranger.*
maintenant.
— Il est 9 heures. Tu sors *maintenant* ?
— Non, je sors à 10 heures.
beaucoup de.
— Tu sors ce soir ?
— Non, j'ai *beaucoup* de travail.
son.
— C'est le père de Roger ?
— Oui, c'est *son* père.
voir. Ce soir, je vais *voir* un film au « Français ».
retourner. Béatrice vient à 7 heures, et elle *retourne* chez elle à 11 heures.

Cinéma et télévision

plusieurs. Il y a *plusieurs* immeubles rue de Belleville.

par. Philippe travaille cinq jours *par* semaine.

par exemple.
— Qu'est-ce que tu dessines, à l'école ?
— Des pommes, *par exemple*.

préférer.
— On sort, ce soir ?
— Non, je *préfère* rester ici.
— Tu veux un ballon ?
— Non, je *préfère* un train.

on. = les spectateurs (ici).

récent.
— C'est un immeuble *récent*.
— Oui, il a deux ans.

3. Logement

Annonces

chercher.
— Où est Pierre ?
— Je le *cherche*, je ne le trouve pas.

Les jeunes et le logement

toujours. À Paris, il y a *toujours* beaucoup de voitures.

très. 2 000 F par mois, pour un deux-pièces, c'est *très*, *très* cher.

propriétaire.
— Vous êtes *propriétaires* de l'appartement ?
— Non, non. Nous sommes locataires. Nous avons un loyer de 1 500 F par mois.

demander.
— Je veux une pomme.
— *Demande* à maman.

d'avance. La séance est à 7 h 10 min. Il est 7 h. Nous avons 10 min. *d'avance*.

Prêts

votre.
— C'est *votre* fils ?
— Non, c'est le fils de Claudine et Jacques.

qui. Les Parisiens *qui* habitent en banlieue ont des transports très longs.

intéressant.
— C'est un bon film ?
— Oui, il est *intéressant*.

gagner. Je *gagne* 3 600 F par mois. = J'ai un salaire de 3 600 F par mois.

notre.
— C'est votre voiture ?
— Oui, c'est *notre* voiture.

un peu de. Il a beaucoup d'argent. ≠ Il a un *peu* d'argent.

Comment déménager ?

si. *Si* vous travaillez, *si* vous avez 30 ans ou moins... la banque de Paris vous prête 2 000 F.

pouvoir. Au cinéma, on *peut* choisir le film (vous *pouvez* choisir le film).

utiliser. Vous pouvez *utiliser* votre voiture. ≃ Vous pouvez prendre votre voiture.

vos.
— Ce sont *vos* enfants ?
— Non, ce sont les enfants de Claudine et de Roland.

il faut. Pour gagner de l'argent, *il faut* travailler.

posséder. ≃ avoir.

4. Manger mieux

Comment maigrir ?

j'ai pris. Je prends toujours le métro, mais aujourd'hui, *j'ai pris* la voiture.

éviter. Si vous cherchez un appartement, *évitez* la rue de Sèvres : dans cette rue, les appartements sont très chers.

Menu

sans. Il ne faut pas conduire *sans* permis.

quelques. *Quelques* légumes = des légumes en petite quantité.

en mangeant, en allant. Tu emmènes Pierre *en allant* à ton bureau.

Recette

personne.
— Nous cherchons une chambre.
— Pour combien de *personnes* ?
— Pour deux *personnes*, s'il vous plaît.

reste. La voiture coûte 20 000 F : on vous demande 10 000 F maintenant, et le *reste* en 18 mois.

ajouter. Il faut payer un mois de loyer d'avance, et il faut *ajouter* 10 % du loyer pour l'agence.

Au salon de thé

ne... plus de. Il *n'*y a *plus de* pain. Tu peux aller en acheter ?

tous les.
— Tu travailles *tous les* jours ?
— Non, je ne travaille pas le samedi.

seulement.
— Je prends un bifteck et de la salade. Et toi ?
— Moi, je prends *seulement* un bifteck.

5. Départ en week-end

Météo

hier	aujourd'hui	demain
14 mai	15 mai	16 mai

Sur la route...

la semaine **dernière**

4 mai ⟷ 10 mai

cette semaine

11 mai   15 mai   17 mai

(aujourd'hui)

quand même.
— L'appartement est cher.
— On le prend *quand même*.

pour le moment.
— Monsieur Aubry est ici ?
— Non, pas *pour le moment*. Il sera ici à 9 heures.

normal.
— Et le loyer, c'est combien ?
— 2 000 F par mois.
— C'est cher.
— Non, dans le XVIe, c'est le prix *normal*.

Sécurité : quelques conseils

trop.
— J'ai grossi !
— Tu manges *trop* !

pressé.
— Tu prends un café ?
— Non, je suis *pressé*. Hélène m'attend à 8 heures, et il est 7 h 30.

se reposer. J'ai bien travaillé. Maintenant, je *me repose* un peu.

fatigué.
— On sort ce soir ?
— Oh non, je suis *fatigué*.

avoir envie de. J'ai faim. *J'ai envie d'*un bifteck.

faire un effort.
— Oh ! je n'ai pas envie de sortir.
— *Fais un effort*. Il y a un bon film au « Français ».

Est-ce que vous êtes bon conducteur ?

est-ce que. *Est-ce que* M. Aubry est ici ? = M. Aubry est ici ?

penser que. J'ai envie de voir ce film. Je *pense qu'*il est bon.

quand. *Quand* il fait beau, nous allons en Bretagne.
   Quand les appartements ne sont pas chers, ils ne sont pas confortables.

essayer de. Il fume beaucoup ; il *a essayé de* s'arrêter, mais il fume toujours.

sa.
— C'est la voiture de Pierre ?
— Oui, oui, c'est *sa* voiture.

6. La voiture

Interview de M. Debas, directeur des ventes chez Renault

présenter. ... Radio-France vous *présente* maintenant « Un moment pour les enfants ».

en effet. À Paris, beaucoup de jeunes ne trouvent pas de logement : les appartements sont *en effet* très chers.

meilleur.
— Vos pommes, elles sont bonnes ?
— Oui, ce sont les *meilleures* pommes de la région.

chaque année. = tous les ans (*chaque* jour = tous les jours).

condition.
— Quelles sont les *conditions* pour louer une voiture ?
— Il faut être âgé de 18 ans et avoir le permis de conduire. La location coûte 9 F par km.

jouer un rôle. Claude Rich *joue le rôle* de Lorenzaccio au Théâtre français.
   La télévision *joue un grand rôle* en France : 87 % des Français la regardent.

un rôle important. ≃ un grand rôle.

congés. 50 % des Français prennent leurs *congés* au mois d'août.

payer.
— Vous *payez* combien par mois pour votre appartement ?
— 1 800 F.

bien sûr.
— Je peux voir M. Aubry ?
— *Bien sûr.* Il est ici.

problème. À Paris, les jeunes ont beaucoup de *problèmes* pour trouver un appartement.

Les petites voitures

peu de. Elles consomment *peu d'*essence. = Elles ne consomment pas beaucoup d'essence.

mieux. grand → plus grand ; bien → *mieux.*

facilement. À Paris, les jeunes ne trouvent pas *facilement* de logement.

donc. Il est malade, il n'ira *donc* pas au bureau aujourd'hui.

rendre service. Le métro *rend service* aux Parisiens : 3 700 000 Parisiens le prennent chaque jour pour aller à leur travail.
   Elle me prête de l'argent, elle va chercher Pierre à l'école... elle me *rend beaucoup de services.*

surtout. Il y a eu des orages en France aujourd'hui, *surtout* dans la région de Bayonne.

car. ≃ parce que.

économique. La R5 est très *économique.* Elle consomme seulement 6 l d'essence pour 100 km.

succès. Brigitte Bardot a eu beaucoup de *succès* en France en 1960.

grâce à. *Grâce à* l'entreprise Gindreau, vous pourrez déménager sans problème.

La 104

peut-être.
— Pierre ne travaille pas.
— Il est *peut-être* fatigué.

souci.
— Ça va ?
— Oh non, ça ne va pas. J'ai des *soucis.* Des *soucis* d'argent, des *soucis* de travail...

marcher. 1.
— Votre enfant a quel âge ?
— Quatorze mois.
— Il *marche* ?
— Oui, depuis deux mois.

marcher. 2.
— Vous ne prenez pas l'ascenseur ?
— Non, il ne *marche* pas.

s'occuper de.
— Quel est votre travail ?
— Je *m'occupe des* exportations de l'entreprise automobile Renault.

par contre. ≃ mais.

encore.
— *Encore* un peu de café ?
— Non, merci, j'en bois trop.

avantage. Les petites voitures ont beaucoup d'*avantages* : elles consomment peu d'essence ; elles coûtent moins cher ; elles permettent de se garer facilement.

sûr. Cette voiture est *sûre.* ≃ Dans cette voiture, vous êtes en sécurité.

facile. Déménager quand on a une petite voiture, ce n'est pas *facile.*

parfait. ≃ très bon.

Le permis de conduire en France

doit. On *doit* = il faut.

passer. En France, on peut *passer* le permis de conduire à 18 ans.

certainement.
— Il n'y a plus de pain. Je vais en acheter.
— Il est 9 h. Tu n'en trouveras *certainement* pas.

être capable. Il a trop bu. Il n'*est* pas *capable* de conduire.

réussir à. La voiture ne *réussit* pas *à* dépasser le camion.

recommencer. Votre travail n'est pas bon. Il faut le *recommencer.*

souvent.
— Tu vas *souvent* au cinéma ?
— Oui. Deux fois par semaine.

d'habitude.
— Vous voulez du vin ?
— Un peu seulement. *D'habitude,* je bois de l'eau.

7. Vacances

Programme

sans doute.
— Philippe sera chez lui à 9 heures ?
— Oh, *sans doute.* D'habitude, il quitte son bureau à 7 h 30.

longtemps.
— Vous avez habité *longtemps* à Paris ?
— Oui, douze ans.

on pourrait. ≃ on peut.

il paraît que.
— *Il paraît que* tu as trouvé du travail.
— Oui, oui, c'est vrai. J'ai trouvé un travail chez Renault.

tu crois que. ≃ tu penses que.

Les vacances des Français

venir de.
— Il y a longtemps que tes parents ont téléphoné ?
— Non, ils *viennent de* téléphoner, il y a cinq minutes.

régulièrement. Je vais *régulièrement* à la bibliothèque tous les mardis.

habitants, population. La *population* parisienne dépasse 2 500 000 *habitants*.

avoir lieu. À l'hôtel, les repas *ont lieu* à 8 h, 12 h 30 et 19 h 30.

sans dépenser. On passe des vacances en famille, *sans dépenser* trop d'argent. ≃ On passe des vacances en famille et on ne dépense pas trop d'argent.

inviter.
— Tu vas chez Roland ce soir ?
— Non, il ne m'*a* pas *invité.*

Conseils de la S.N.C.F.

concernant. ... Pour tous les renseignements *concernant* cet appartement, téléphonez au 025-96-85, agence Roulet.

s'adresser à. Ne déménagez pas seul : *adressez-vous* plutôt *à* une entreprise de déménagement.

à l'avance. Il faut préparer ce gâteau 24 h *à l'avance.*

il vaut mieux. Pour maigrir, *il vaut mieux* ne pas manger de pain.

en retard. Vous êtes *en retard* : on vous attend depuis une heure.

ne ... que. Le train *ne* part *qu*'à 8 h. ≃ Le train part à 8 h seulement.

déjà.
— On va voir le film du « Français » ?
— Oh non ! Je l'ai *déjà* vu.

31 juillet

miracle. Il est à l'heure ! C'est un *miracle* ! Il est toujours en retard.

spécialiste. Les *spécialistes* de la météorologie pensent qu'il fera beau demain.

Vous avez envie de maigrir : adressez-vous à un *spécialiste.*

dire.
— Une personne a téléphoné ce matin.
— Qui est-ce ?
— Elle n'a pas *dit* son nom.

La météo *dit* qu'il fera beau demain.

impossible.
— Je voudrais un billet pour Paris.
— C'est *impossible* : il n'y a plus de place.

prudent. Vous traversez une route : soyez *prudents.*

environ. ≃ à peu près.

favorable à.
Les Français sont de plus en plus *favorables* aux petites voitures.

pourtant. ≃ mais.

respecter. Il faut *respecter* le code de la route quand vous conduisez.

8. Voyage à Malte

Conseils à ceux qui partent à l'étranger

profiter. Nous *avons profité* du beau temps pour sortir.

certains. Vous voulez maigrir ? *Certains* fruits vous sont interdits : les bananes, le raisin...

précaution. Quand vous êtes sur une autoroute, mettez votre ceinture de sécurité. C'est une bonne *précaution.*

se trouver. ≃ être.

autre.
— On sort ce soir. On va voir « 1900 ».
— Oh non ! Je l'ai déjà vu. Je préfère voir un *autre* film.

ennui.
— Vous allez bien ?
— Oh non ! J'ai des *ennuis.*

arriver. 1. Le train part à 8 heures et il *arrive* à 11 heures.

arriver. 2.
— Vous êtes en retard. Qu'est-ce qui vous *arrive* ?
— La voiture est en panne.

content. Je suis très *content* de ma voiture : elle marche bien, et elle ne consomme pas beaucoup d'essence.

oublier.
— Il n'y a pas de pain ?
— Non, j'*ai oublié* d'en acheter.

vérifier. Soyez prudents : *vérifiez* régulièrement les freins de votre voiture.

valable. À la S.N.C.F., vous pouvez prendre votre billet à l'avance. Il est *valable* trois mois.

s'inscrire. Je vais m'*inscrire* à mon examen.

Vacances avec Transtourisme

conseiller. = donner des conseils.

écouter. Ce matin, j'*ai écouté* une émission intéressante à Radio-France.

sérieux. Pour garder vos enfants, choisissez une personne *sérieuse*.
Pour déménager, adressez-vous à une entreprise *sérieuse*.

satisfait de. = content de.

se distraire. Il faut vous *distraire* : allez au cinéma, faites un voyage, sortez avec des amis.

également. = aussi.

convenir. Renault vend des voitures qui *conviennent* à toutes les catégories de Français.
J'ai trouvé un appartement qui me *convient*.

quelqu'un.
— *Quelqu'un* a téléphoné.
— Qui est-ce?
— Il n'a pas dit son nom (*quelqu'un* ≃ une personne).

résoudre. Tous mes problèmes sont *résolus*. ≃ Je n'ai plus de problèmes.

hésiter.
— Où est-ce que tu passes tes vacances?
— J'*hésite* : à Malte ou en Sicile.

regretter. Je *regrette* d'avoir acheté cette voiture : elle consomme trop d'essence.

Transtourisme : Malte

gaspiller. Elle *gaspille*. = Elle dépense trop d'argent.

connaître (connu).
— Quelqu'un t'a demandé au téléphone.
— Qui est-ce?
— Je ne le *connais* pas.

Je *connais* bien Notre-Dame. Je l'ai souvent visitée.

distance.
— Paris-Lyon, ça fait quelle *distance*?
— 430 km environ.

court.
— J'ai pris huit jours de vacances cet été.
— C'est *court*!

même. Je travaille tous les jours, *même* le samedi.

quelquefois.
— Vous allez souvent au cinéma?
— Oh non! *Quelquefois* seulement.

privé. La Banque de France est une banque nationale, mais la banque Lafont est une banque *privée* : c'est Monsieur Lafont le propriétaire.

évidemment. = bien sûr.

Vous voyagez par avion : Prenez Air-Voyages

compagnie aérienne. Air-France est la principale *compagnie aérienne* française.

désirer.
— Qu'est-ce que vous *désirez*?
— Un thé, s'il vous plaît (*désirer* ≃ vouloir).

quotidien. Il y a plusieurs vols *quotidiens*. = Il y a plusieurs vols chaque jour.

confort. Je peux vous proposer un appartement avec tout le *confort* (= un appartement très confortable).

extraordinaire. Il n'a pas plu depuis trois mois dans le Sud-Ouest : c'est vraiment *extraordinaire*!

à l'aise. ≃ bien; plus à l'aise ≃ mieux.

habituel. Je ne trouve pas mon passeport. Il n'est pas à sa place *habituelle*.

classe. Quand je prends le train, j'achète toujours des billets de 2ᵉ *classe*. C'est moins cher.

étonnant. ≃ extraordinaire.

9. Le gel

Les gelées du printemps

à cause de. *À cause des* embouteillages, Philippe est arrivé à 10 h à son bureau.

grave.
— Philippe est malade.
— C'est *grave*?
— Non, il pourra aller au bureau demain.

avoir du mal. Le samedi après-midi, on *a du mal* à circuler à Paris.

heureusement. La voiture est en panne. *Heureusement*, le métro est près de chez nous.

se plaindre. Les propriétaires de l'hôtel *se plaignent* : il y a eu moins de touristes que l'an dernier.

les gens. ≃ les personnes.

causer. Le gel a *causé* beaucoup de dégâts. = Il y a eu beaucoup de dégâts à cause du gel.

dégât. L'orage a fait beaucoup de dégâts.

par rapport. L'an dernier, nous avons produit 800 000 voitures. Cette année, nous en avons produit 1 000 000. Notre production a donc augmenté de 25 % *par rapport* à l'an dernier.

promettre. Mes parents m'*ont promis* un voyage si je réussis à mon examen.

savoir.
— Il y a un appartement à louer place d'Italie.
— Et le loyer, c'est combien ?
— Je ne *sais* pas. Le prix n'est pas indiqué.

ne... pas encore.
— Tu as vu Pierre Duval ?
— Non, je *ne* suis *pas encore* allé le voir. J'irai demain.

décision.
— Qu'est-ce que vous faites pendant les vacances ?
— Nous ne savons pas encore. = Nous n'avons pas pris de *décision*.

Philippe a pris la *décision* de marcher une heure tous les jours.

Les jeunes agriculteurs : une année difficile

difficile, difficultés. À la Ferté-Bernard, il y a beaucoup d'embouteillages, il est *difficile* de circuler (les conducteurs ont beaucoup de *difficultés* à circuler).

dramatique. = très grave.

obligé de. Michel n'a pas trouvé de logement. Il est *obligé d'*habiter chez des amis.

emprunter. La Banque nationale peut vous prêter de l'argent. = Vous pouvez *emprunter* de l'argent à la Banque nationale.

crédit. Il a acheté sa voiture à *crédit :* il paie 480 F par mois.

rendre visite. Je dois *rendre visite* à Claudine cet après-midi. = Je vais voir Claudine cet après-midi.

baisser. = diminuer.

jusqu'à. Je travaille tous les jours *jusqu'à* 17 h.

optimiste. Le gouvernement est *optimiste :* il pense que, cette année, il y aura moins de personnes sans travail.

à partir de. Je travaille tous les jours *à partir de* 8 h.

décider de. En 1974, l'O.P.E.P. *a décidé d'*augmenter le prix du pétrole.

avoir besoin de. Tous les enfants *ont besoin de* lait.

Le gel : un problème à résoudre

syndicat. La C.G.T. (Confédération générale des travailleurs) est le *syndicat* le plus important en France.

commencer à. Elle a commencé à travailler en 1974 = Elle travaille depuis 1974.

prendre contact, des contacts, avec. J'ai *pris contact* avec lui par lettre et par téléphone.

responsable. Quand ils ont moins de 18 ans, vous êtes *responsables* de vos enfants.

aucun.
— Je crois qu'il y a un train pour Rennes à 14 h.
— Non. Vous n'aurez *aucun* train avant 18 h.

précis.
— Votre voiture consomme combien ?
— Oh, je ne peux pas vous donner de chiffre *précis*, environ 7 l aux 100 km.

réclamer. Les ouvriers *réclament* un salaire plus élevé.

continuer à.
— Votre femme *continue à* travailler ?
— Non, elle ne travaille plus depuis un an.

préciser.
— Paul veut te voir demain.
— Il *a précisé* l'heure ?
— Oui, il a dit 8 h.

intention.
— Qu'est-ce que vous faites pendant les vacances ?
— Nous avons l'*intention* d'aller à Malte.

actuellement. ≃ maintenant.

assister à. Philippe *a assisté à* un accident très grave.

Gel : les Français vont payer la note

à l'issue de. = à la fin de.

donner des précisions. = donner des renseignements plus précis.

faire du tort. La télévision *a fait du tort* au cinéma.

imprévu. = qu'on n'a pas prévu.

supplémentaire. D'habitude je prends 15 jours de vacances. Cette année, je suis fatigué. Je vais prendre une semaine *supplémentaire*.

toutefois. On roule facilement aujourd'hui à Paris. *Toutefois*, il y a des embouteillages à la porte de Saint-Cloud (*toutefois* ≃ mais).

bas. ≠ élevé.

paraître. Ça me *paraît* difficile. = Je pense que c'est difficile.

satisfaisant. Votre travail est *satisfaisant*. = On est satisfait de votre travail.

espérer. Je pars demain à la campagne. J'*espère* qu'il fera beau.

verser. J'*ai* déjà *versé* 2 000 F à l'agence.

rapidement. ≃ vite.

or. Le billet pour Paris coûte 150 F. *Or* elle n'a jamais d'argent. Elle a donc certainement emprunté le prix du billet.

délai. Il ne peut pas rembourser : il va donc demander un *délai* de quelques mois.

10. Budget

Faut-il faire un budget ?

énorme. Ce chien est *énorme*. = Ce chien est très gros.

aussitôt. Quand vous êtes en voiture, arrêtez-vous *aussitôt* si vous êtes fatigué (*aussitôt* = sans attendre).

discussion. Avoir une discussion sur = parler de.

discuter de. Ils *discutent de* leur budget. = Ils parlent de leur budget.

vivre. Il *vit* en France depuis 10 ans.
Elle *vit* avec sa mère.

calculer.
— 30 000 francs par an, ça fait combien par mois ?
— Attends, je vais *calculer*.

compter.
— Je vous dois combien ?
— Ça fait 24 francs.
— Vous *avez compté* la bouteille d'huile ?
— Ah non ! Alors, ça fait 31 francs.

s'apercevoir que. = voir que.

surveiller. Quand votre enfant joue au bord de la route, *surveillez*-le.

quelque chose.
— Regarde, il y a *quelque chose* dans la bouteille d'eau !
— Qu'est-ce que c'est ?
— Je ne sais pas, je ne vois pas bien.

Inflation : le point de vue du ministre de l'Économie

point de vue. Nous avons des *points de vue* différents. = Nous ne sommes pas d'accord.

d'après. *D'après* les syndicats, la situation des agriculteurs est dramatique.

résultat. Ces dégâts sont le *résultat* du gel.

rapide. Vous n'avez pas besoin d'une voiture *rapide*, la vitesse est limitée.

d'abord.
— La route de Paris, s'il vous plaît ?
— Vous tournez *d'abord* à droite, et après vous prenez la deuxième rue à gauche.

conséquence. Les *conséquences* du gel sont dramatiques pour les paysans.

positif. La discussion a été *positive* : les responsables syndicaux et le gouvernement se sont mis d'accord.

davantage. = plus.

malheureusement. Le conducteur n'a *malheureusement* pas pu éviter l'accident.

raisonnable.
— Je voudrais encore un gâteau !
— Ce n'est pas *raisonnable* ! Tu en as déjà mangé trois.

accepter. Le ministre *a accepté* de rencontrer les responsables syndicaux. Il les recevra donc demain.

persuader. J'essaie de la *persuader* de travailler. Je lui dis que son examen est dans deux mois. Mais elle ne veut pas faire d'effort.

Vos vêtements pour cet hiver

se terminer. Le film commence à 18 h et il *se termine* à 19 h 30.

nouveau (nouvelle). Renault vient de fabriquer une *nouvelle* voiture.

mode. Elle porte les vêtements qu'on portait il y a 10 ans : elle ne s'occupe pas de la *mode*.

changer. Paris *a* beaucoup *changé* depuis 10 ans : il y a de nouveaux immeubles et de nouveaux bâtiments.

renoncer à. Il vaut mieux *renoncer à* cet appartement, il est trop cher.

se rassurer. Votre femme a eu un petit accident : *rassurez-vous*, ce n'est pas grave.

qualité. Nos produits sont chers, bien sûr, mais ils sont de meilleure *qualité* que les autres.

tenue. Elle a beaucoup de vêtements. Elle change de *tenue* tous les jours.

élégant. Elle est très *élégante* : elle a toujours de beaux vêtements de bonne qualité.

La consommation des familles en France depuis 1974

constater. J'ai mis ma valise dans la voiture ; or je *constate* qu'elle n'y est plus.

représenter. Les automobiles Renault *représentent* 44 % de la production automobile française.

comparer. J'ai *comparé* le prix de cette jupe dans deux magasins : elle coûte 20 F de plus dans le deuxième.

remarquer.
— Tu *as remarqué* la nouvelle robe de Claudine ?
— Ah non ! Je n'ai pas fait attention.

noter. Cette année, on *a noté* une augmentation importante des tarifs du gaz et de l'électricité.

comprendre. Le prix *comprend* : le voyage en avion et un séjour d'une semaine dans un hôtel.

développement. = augmentation.

à bon marché. Elle fait des économies : elle achète tout *à bon marché*.

INDEX

Le premier chiffre renvoie au dossier, le second au texte ; ainsi :
à, 1.2. signifie que *à* se trouve dans le dossier 1 (= Les personnages),
texte 2 (= Hélène, Philippe et Pierre).
L'astérisque signifie que le mot a été expliqué dans la partie Lexique.

il, 1.1.
île, 8.3.
ils, 1.2.
il y a, 1.3.
immeuble, 1.2.
important, 6.1.
importation, 6.2.
impossible*, 7.4.
impôt, 9.4.
imprévu*, 9.4.
indiquer, 3.1.
inflation, 10.2.
information, 7.3.
inscrire* (s'), 8.1.
installer (s'), 3.3.
intention*, 9.3.
interdire, 4.1.
intéressant*, 3.3.
intérieur, 6.3.
interroger, 6.4.
interview, 6.1.
inviter*, 7.2.
issue* (à l'issue de), 9.4.

j

jambon, 4.3.
jardin, 9.1.
je, 1.3.
jeudi, 1.4.
jeune, 3.2.
jouer, 1.3.
jour (un jour), 2.2.
journaliste, 1.1.
jupe, 10.3.
jus, 4.2.
jusque*, 9.2.

k

kilogramme, 4.1.
kilomètre, 3.4.

l

l' (art), 1.2.
la (art.), 1.4.
la (pronom), 2.1.
là, 7.3.
laine, 10.3.
lait, 4.1.
langue, 8.3.
laver, 4.3.

le (art.), 1.4.
le (pronom), 2.3.
légume, 4.1.
lettre, 2.3.
lieu* (avoir lieu), 7.2.
limitation, 7.4.
limiter, 6.2.
liquide (argent), 7.3.
liste, 8.2.
litre, 6.3.
livre, 1.4.
locataire, 3.2.
location, 3.4.
logement, 3.2.
loisir, 10.4.
long, 3.2.
longtemps*, 7.1.
louer, 3.1.
lourd, 1.4.
loyer, 3.1.
lui (prép. + lui), 2.3.
lui, 7.1.

m

madame, 1.1.
magasin, 8.3.
maigrir, 4.1.
maintenant*, 2.3.
mais*, 1.4.
maison, 7.2.
mal* (avoir du mal), 9.1.
malade, 2.3.
malheureusement*, 10.2.
maman, 1.4.
manger, 4.2.
manquer, 6.2.
marché*
(à bon marché), 10.4.
marcher*, 6.3.
mari, 10.1.
matériel, 9.2.
matin, 4.2.
mauvais, 5.2.
médical, 10.4.
médicament, 10.4.
meilleur, 6.1.
mélanger, 4.3.
même*, 8.3.
menu, 4.2.
mer, 3.1.
merci, 3.1.
mère, 7.1.
météo(rologie), 5.1.
mètre, 6.3.
métro, 1.4.
mettre, 4.3.
mettre (se), 5.4.

midi, 4.2.
mieux*, 6.2.
mille, 3.1.
milliard, 6.1.
million, 6.1.
ministre, 7.4.
miracle*, 7.4.
mode*, 10.3.
moi, 1.4.
moins, 3.2.
mois, 3.1.
moitié, 7.4.
moment*
(pour le moment), 5.2.
monde, 8.4.
monsieur, 1.1.
monter, 3.3.
morceau, 4.3.
mort, 9.1.
moteur, 6.3.
mourir, 9.1.
moyenne, 5.1.

n

national, 5.1.
ne (... pas), 1.4.
ne* (... que), 7.3.
nettoyer, 6.3.
nom, 1.1.
nombre, 7.2.
nombreux, 9.1.
non, 2.1.
nord, 5.1.
normal*, 5.2.
nos, 5.1.
note, 9.3.
noter*, 10.4.
notre*, 3.3.
nourriture, 10.4.
nous, 3.1.
nouveau*, 10.3.
nuageux, 5.1.

o

objet, 8.3.
obliger*, 9.2.
obtenir, 6.1.
occuper* (s') de, 6.3.
œuf, 4.2.
on*, 2.1.
onze, 1.1.
optimiste*, 9.2.
or* (conj.), 9.4.
or (n.), 8.3.

orage, 5.1.
orange, 4.1.
ordinaire, 6.3.
ou, 3.2.
où (relatif), 8.1.
où (où est-ce que), 1.1.
oublier*, 8.1.
ouest, 5.1.
oui, 1.3.
ouvrier, 2.3.

p

pain, 4.1.
panier, 10.1.
panne, 8.1.
panneau, 5.3.
pantalon, 10.3.
papier, 8.1.
par*, 2.4.
par contre*, 6.3.
par exemple*, 2.4.
paraît* (il paraît
que), 7.1.
paraître*, 9.4.
parce que, 2.4.
parent, 7.1.
parfait*, 6.3.
parler, 6.1.
part (d'autre part), 6.1.
particulier, 8.2.
partie, 9.2.
partir, 2.3.
partir* (à partir de), 9.2.
partout, 6.3.
passager, 8.4.
passeport, 8.1.
passer*, 6.4.
payer, 6.1.
pays, 5.1.
paysan, 2.2.
pendant, 3.3.
penser* (que), 5.4.
père, 2.3.
permettre, 4.1.
permis, 3.4.
personne* (n.), 4.3.
persuader*, 10.2.
peser, 4.4.
petit, 2.2.
peu de*, 6.2.
peu* (un peu), 3.3.
peu (à peu près), 3.3.
peut-être*, 6.3.
photo, 7.1.
pièce, 3.1.
piscine, 8.3.
place*, 2.2.

Reference grammar

Introduction

The purpose of this reference grammar is to provide students with an organized summary of the grammatical and linguistic concepts presented throughout the text and exercise sections of *Intercodes 1.*

It is important to emphasize that this section is conceived *neither* as a *complete* elementary grammar book *nor* as a substitute for the work to be done with the texts and "Annexes" where the emphasis is on developing oral and written expression in a variety of contexts and situations. Rather, the instructor should advise students to consult this section *after* working on the texts and exercises. The reference grammar should be consulted at those moments in the semester when a general review and reorganization of the material are needed (before examinations or the end of the semester, for example).

For the purposes of simplifying the explanations and the use of this reference grammar, all explanations are given in English. The French equivalents of grammatical and linguistic terminology are provided in parentheses. All the Tables and examples are in French only and are taken primarily from *Intercodes 1.* The only exceptions are the English equivalents which accompany the
— possessive adjectives,
— selected verb tenses,
— expressions *depuis, il y a, ça fait*
since they pose particularly difficult problems for English speakers.

Table of contents

Part one

I. THE NOUN GROUP
(le groupe du nom)

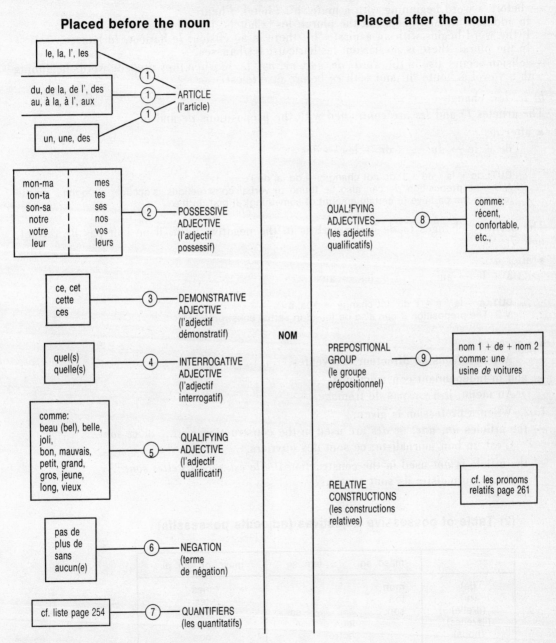

Placed before the noun

le, la, l', les
— ① ——
du, de la, de l', des
au, à la, à l', aux — ① —— ARTICLE
(l'article)
— ① ——
un, une, des

mon-ma | mes
ton-ta | tes
son-sa | ses — ② — POSSESSIVE
notre | nos ADJECTIVE
votre | vos (l'adjectif
leur | leurs possessif)

ce, cet
cette — ③ — DEMONSTRATIVE
ces ADJECTIVE
(l'adjectif
démonstratif)

quel(s) — ④ — INTERROGATIVE
quelle(s) ADJECTIVE
(l'adjectif
interrogatif)

comme:
beau (bel), belle,
joli,
bon, mauvais, — ⑤ — QUALIFYING
petit, grand, ADJECTIVE
gros, jeune, (l'adjectif
long, vieux qualificatif)

pas de
plus de — ⑥ — NEGATION
sans (terme
aucun(e) de négation)

cf. liste page 254 — ⑦ — QUANTIFIERS
(les quantitatifs)

NOM

Placed after the noun

QUALIFYING
ADJECTIVES — ⑧ — comme:
(les adjectifs récent,
qualificatifs) confortable,
etc.,

PREPOSITIONAL
GROUP — ⑨ — nom 1 + de + nom 2
(le groupe comme: une
prépositionnel) usine de voitures

RELATIVE
CONSTRUCTIONS cf. les pronoms
(les constructions relatifs page 261
relatives)

The numbers refer to the explanations which follow.

(1) The article

1. 1. Certain articles change according to the following rules:

a) le and *la* become *l'* (elision)
— before a word beginning with a vowel: *l'*usine, *l'*arbre
— before a word beginning with a mute "h": *l'*hôtel, *l'*heure.
   In addition, *liaison* occurs in the plural: les [z]hôtels; les [z]heures.
   If the word begins with an aspirate "h", there is no elision: *le* haricot, *la* hausse.
   In the plural, there is no liaison: les/haricots; les/hausses.
— elision occurs also in the words *de, que, ne, me, te, se* when they precede words beginning with a vowel or mute "h" and with *ce* before être (c'est).

b) le, les: change
The articles *le* and *les* are contracted with the prepositions *de* and *à:*

- after *de*

   de + le → du   de + les → des

   BUT: de + la / de + l' do not change: → de la, de l'.
   N.B. The preposition *de* can also be found in verbal constructions: s'occuper de qqch... or can indicate the partitive (a certain amount of something): il boit du thé.

The partitive changes to *de* if the verb is in the negative form: il ne boit pas *de* thé (cf. note 7).

- after *à*

   à + le → au   à + les → aux

   BUT: à + la / à + l' do not change → à la, à l'.
   N.B. The preposition *à* can also be found in verbal constructions:

- *s'adresser à*

   Adressez-vous au directeur des ventes.

— and in independant constructions:

   Au menu, il n'y a pas de fromage.

1. 2. When a profession is given:

— the articles *un, une,* or *des* are used in the construction *c'est...* or *ce sont...*
   C'est un bon journaliste; ce sont des ouvriers.

— the article is *not* used in the construction *il/elle est...* or *ils/elles sont...*
   Il est journaliste; ils sont ouvriers.

(2) Table of possessive adjectives (adjectifs possessifs)

	masc. sg.	fem. sg.	masc. or fem. pl.
(je)	mon		mes
(tu)	ton		tes
(il/elle)	son	sa	ses
(ils/elles)		leur	leurs
(nous)		notre	nos
(vous)		votre	vos

- In French, the possessive adjectives (l'adjectif possessif) agrees in number and in gender with the *thing possessed,* not, as in English, with the possessor:

la voiture de Pierre	→ sa voiture	*his* car
le chien de Marie	→ son chien	*her* dog
les livres d'Hélène	→ ses livres	*her* books
les vacances d'Hélène et Philippe	→ leurs vacances	*their* vacation

- Before a feminine word beginning with a vowel or mute "h" the following changes are made:

ma	→ mon	: mon école
ta	→ ton	: ton amie
sa	→ son	: son usine, son habitude.

(3) Demonstrative adjectives (les adjectifs démonstratifs)

Demonstrative adjectives likewise agree in gender and in number with the noun which follows:

le livre	→ ce livre
la recette	→ cette recette
les camions	→ ces camions.

> **BUT:** ce → cet before a masculine word beginning with a vowel or mute "h": cet appartement, cet ouvrier, cet hiver, cet horaire. *Cet* is pronounced [sɛt] as in the feminine *cette.*

(4) Interrogative adjective (l'adjectif interrogatif)

The interrogative adjective agrees in number and gender with the noun which follows:

  le livre → quel livre?
  les appartements → quels appartements?
  la recette → quelle recette?
  les voitures → quelles voitures?

(5) Qualifying adjectives (les adjectifs qualificatifs)

Placed before the noun are few in number:

  bon, mauvais — beau (bel), belle, joli
  grand, petit, long, gros, jeune, vieux.

In addition, *des* → *de*:

  des gâteaux → de bons gâteaux
  des appartements → de grands appartements
  des livres → de beaux livres.

Certain exceptions do exist, however, as in the case of the adjective "petit":

  Nous fabriquons des voitures très différentes: des petites voitures, des voitures plus grosses... (VI, 1).

(6) Negation (terme de négation)

After *pas* and *plus,* the quantitative forms change:

  un, une (unité)
  du, de la, de l', des (partitifs) } *de* ou *d'*
  Vous avez une voiture? → Vous n'avez pas de voiture?
  Il avait de l'argent. → Il n'avait plus d'argent.
  Vous mangez du fromage? → Vous ne mangez pas de fromage?

After *sans,* these quantitative forms disappear completely:

> Un whisky avec de l'eau, s'il vous plaît → Un whisky sans eau, s'il vous plaît.

(7) Quantitative forms before a noun

The following are used:

a) Partitives (les partitifs): du, de la, de l', des
> Buvez de l'eau.
> Tu as acheté des pommes.

b) Numerals[1] (les numéraux):
— un(e) demi(e), un, deux, trois..., cent..., mille...
— une dizaine *de,* une centaine *de,* un millier *de,* un million *de,* un milliard *de.*
NOTE also that numerals can be modifiers:
— environ, à peu près:
> Il gagne *à peu près* 9 000 francs par mois.

— plus *de,* moins *de*:
> Il gagne *plus de* 9 000 francs par mois.

c) Adjectives[1]:
— certain(e)s, un certain nombre *de,* une certaine quantité *de,*
— de nombreux, de nombreuses,
— tout, tous, toute, toutes + articles *le, la, l', les;* démonstratifs ou possessifs

d) Expressions[1]:

sans "de" ex. plusieurs films	avec "de" ou "d'" seulement ex. beaucoup *de* nuages	avec "de" + article, adjectif démonstratif ou possessif ex. 33 % *de la* population
quelque[2] plusieurs	beaucoup de trop de peu un peu de assez de plus de de plus en plus de moins de de moins en moins de autant de le nombre de une provision de une quantité de un excès de un reste de un morceau de un verre/litre/kilo de ... grammes de	25 % de le quart de 33 % de le tiers de 50 % de la moitié de 75 % de les trois-quarts de 100 % de la totalité de

1. With the pronoun *en,* quantity is expressed without *de*:
> Nous en avons une dizaine.
> J'en ai assez.
> Il en a bu les trois-quarts.

254

2. In a sentence where quantity is repeated, *quelques* → *quelques-uns*:

Tu as lu tous ces livres? — Non, pas tous, j'en ai lu quelques-uns.

e) The prepositions *sans* and *avec*:

Prenez du café sans sucre.
Prenez du café avec du lait.

Other quantitative markers exist which *do not* precede the noun. They are found on page 256.

(8) Adjectives which follow the noun can sometimes precede it, in order to emphasize the quality or for stylistic effects:

Ils ont pris une décision importante.
Ils ont pris une importante décision.
Nous avons passé des vacances extraordinaires.
Nous avons passé d'extraordinaires vacances.

Remember, however, that *des* → *de* or *d'* when the adjective precedes the noun.

(9) In the prepositional group: NOUN 1 + *DE* + NOUN 2:

NOUN 2 can be preceded by the articles *le, la, l', les* or not according to the following rules:

● NOUN 2 is preceded by the article:

Le bureau du professeur.
Le plan de l'appartement.
La hausse des salaires.

When there is a relation of *possession* or *dependence* between NOUN 1 and NOUN 2. As such, the possessive is possible:

Son bureau.
Son plan.
Leur hausse.

● NOUN 2 is not preceded by an article:

Une usine de voitures.
Le livre de français.
Les problèmes de sécurité.

When NOUN 2 gives a *specification* or *qualifies* NOUN 1. Thus we can distinguish between:

J'ai fait le plan de l'appartement = J'ai fait son plan (dépendance),

and

Je fais des plans d'appartement — et non d'autres catégories de plans (spécifications de "plans").

REMARKS:
a) The use of the article before NOUN 2 depends on the relationship established with NOUN 1. There is no firm grammatical "rule" (except for b, following) but rather only the context which will determine whether or not the article is used'

b) After an expression of quantity, the article precedes NOUN 2, or not, following the examples set out on page 254, (7).

Plusieurs millions *de* francs.
Une provision *de* chemises.

BUT:
50 % *des* réponses.

II. EXPRESSING QUANTITY
(l'expression de la quantité)

1. Expressions of quantity in relation to nouns were studied on page 254, (7)

The following table summarizes quantifying expressions used with verbs (les verbes), adjectives (les adjectifs), adverbs (les adverbes), and numbers (les nombres):

Verbes	Adjectifs	Adverbes	Nombres
Il travaille plus	C'est plus cher	Il vient plus souvent?	Il gagne plus de 9 000 F par mois
Il travaille moins	C'est moins grand	Il vient moins souvent?	Il gagne moins de 9 000 F par mois
Il travaille autant	C'est aussi cher	Il vient aussi souvent?	Il gagne 9 000 F par mois[1]
Il travaille peu	C'est peu important	Il vient peu souvent?	
Il travaille un peu	C'est un peu cher		
Il travaille beaucoup	C'est très petit	Il vient très souvent?	
Il travaille assez	C'est assez beau	Il vient assez souvent?	
Il travaille trop	C'est trop récent	Il vient trop souvent	
Il travaille de plus en plus	C'est de plus en plus drôle	Il vient de plus en plus souvent?	
Il travaille de moins en moins	C'est de moins en moins facile	Il vient de moins en moins souvent?	

2. Synonymous expressions for "plus", "moins", "de plus en plus", "de moins en moins"

+	plus davantage plus de supérieur à dépasser	Les Français dépensent *plus* Les Français dépensent *davantage* Il gagne *plus de* 9 000 F par mois Son salaire est *supérieur à* 9 000 F par mois Son salaire *dépasse* 9 000 F par mois

−	moins de inférieur à ne pas dépasser	Il paie *moins de* 1 500 F par mois Son loyer est *inférieur à* 1 500 F par mois Son loyer *ne dépasse pas* 1 500 F par mois

↗	de plus en plus de augmenter de	On vend *de plus en plus de* petites voitures Les salaires ont *augmenté de* 10 % *L'augmentation* des salaires a été *de* 10 % *La hausse* des salaires a été *de* 10 %

de moins en moins de diminuer de baisser de	On vend *de moins en moins de* grosses voitures L'inflation a *diminué de* 2 % *La diminution* de l'inflation est *de* 2 % La température a *baissé* de plusieurs degrés La *baisse* de la température est importante.

3. Further means of expressing quantity:

limiter	La vitesse est limitée à 90 km/h Les limitations de vitesse ne sont pas respectées.

manquer de	Nous manquons de précisions sur cette affaire Le manque d'informations nous oblige à nous arrêter.

ajouter	Vous pouvez ajouter un jus de citron

maigrir de / perdre grossir de / prendre	J'ai maigri de deux kilos J'ai perdu deux kilos J'ai grossi de deux kilos J'ai pris deux kilos

aller trop vite faire un excès de vitesse	Il a été arrêté parce qu'il allait trop vite Il a été arrêté pour excès de vitesse.

4. Use of prepositions to express quantity:

— À: Il roule *à* 100 km/h en ville!
— Par: Il gagne ... F *par* jour, *par* semaine, *par* mois, *par* an.
— Pour: J'ai acheté de la viande, des fruits et du fromage:
    j'en ai eu *pour* 150 F.

— De: Il gagne 25 F *de* l'heure.
To indicate approximation:
— De... à: Les salaires augmenteront *de* 8 *à* 10 % cette année.
— Entre... et: Il gagne *entre* 9 000 *et* 9 500 F par mois.

III. COMPARISON
(la comparaison)

(See also the complete table presented in "ANNEXE 20".)
REMINDER: the adjective *bon* (good) and the adverb *bien* (well) become *meilleur* and *mieux* respectively in the examples indicated below:

C'est bon. C'est bien.	+ (plus, plus... que)	C'est meilleur. C'est mieux.
Sa prononciation est bonne. Il parle bien	(de plus en plus)	Sa prononciation est meilleure. Sa prononciation s'améliore. Il parle mieux.
C'est une très bonne voiture	LE LA + LES (le, la, les plus...)	C'est la meilleure voiture.
Elle travaille très bien.	LE +	C'est elle qui travaille le mieux.

IV. NEGATION
(la négation)

1. Negation of the noun [see also page 253, (6)]

Forme négative	Forme affirmative	Exemples
NE... PAS NE... PLUS	Articles un, une, du, de la, de l', des toujours encore	Tu veux du café? — Non, *pas de* café. Tu as toujours des contacts avec eux? — Non, je *n'*ai *plus de* contacts. Tu veux encore de la salade? — Non, je *ne* veux *plus de* salade.
NE... AUCUN(E) AUCUN(E) NE	un, une, des certain(e)s quelques	Y a-t-il un médecin ici? — Non, il *n'*y a *aucun* médecin. Certains avions partiront ce soir, non? — *Aucun* avion *ne* partira ce soir. Avez-vous pu obtenir quelques renseignements? — Non, je *n'*ai pu obtenir *aucun* renseignement.
SANS	avec de + article	Avec de l'eau? — Non, *sans* eau.
Pour indiquer la restriction: NE... QUE: Je *ne* mange *que* le soir. = SEULEMENT: je mange *seulement des* légumes.		

Remarques:
1. The adverb "aussi" becomes "non plus" in the negative:
Lui aussi part en vacances.
Lui non plus ne part pas en vacances.
Ça aussi, c'est bien.
Ça non plus, ce n'est pas bien.

2. "Aucun(e)" can be followed by an adjective. In this case, the adjective is preceded by *de* or *d'*:
J'ai visité plusieurs appartements mais aucun *de* confortable.

2. Negation of the verb:

FORME NEGATIVE	FORME AFFIRMATIVE	Verbe au présent	Verbe au passé composé
NE... PAS NE... PLUS	toujours encore	Il *ne* téléphonera *pas* Tu vas toujours à l'hôtel de la plage? — Non, je *n'*y vais *plus* Tu l'utilises encore? — Non, je *ne* l'utilise *plus*	Il *n'*a *pas* téléphoné Je *n'*y suis *plus* allé(e) Je *ne* l'ai *plus* utilisé(e)
SANS + infinitif	en... -ant	Elle dort *en* pren*ant* des médicaments Elle dort *sans* prendre de médicaments.	

V. PRONOUNS
(les pronoms)

1. Personal object pronouns (pronoms personnels compléments d'objet)

a) To replace a person:

Formes du pronom placé *avant le verbe*		Formes du pronom placé *après le verbe + préposition*
Construction directe ex: ramener Béatrice → la ramener	*Construction indirecte* ex: parler à Béatrice → lui parler	ex: penser à Béatrice → penser *à* elle jouer avec Béatrice → jouer *avec* elle s'occuper de Béatrice → s'occuper *d'*elle
me, m' te, t' le, la, l' les nous vous	me, m' te, t' lui leur nous vous	moi toi lui, elle eux, elles nous vous
see ex. (1) table p. 263	see ex. (2) table p. 264	see ex. (3), (4), (7), (8), (15), table page 264

b) To replace a thing:

Construction directe	*Construction indirecte*	
ex: acheter les livres → les acheter acheter des livres → en acheter	ex: penser aux vacances → y penser	ex: avoir besoin du livre → en avoir besoin s'occuper des repas → s'en occuper
le, la, l', les ——— en	y	en
see ex. (1) table page 263	see ex. (3) and (4) table page 264	see ex. (7) and (8) table page 264

NOTE: The pronouns *le, en* + *y* can sometimes replace a sentence or a phrase. The choice depends on the construction of the verb:

La plupart des jeunes n'ont pas de travail: il faut *le* savoir
(construction directe: savoir quelque chose).

C'est un très bon médecin: j'*en* suis persuadé
(construction indirecte: être persuadé *de* quelque chose).

Les magasins sont fermés le lundi: est-ce que tu *y* as pensé?
(construction indirecte: penser *à* quelque chose).

c) Pronouns used with pronominal verbs:

The pronouns which form the pronominal verb constructions represent the *same* person as the subject of the verb:

  ex: s'installer → *je m'*installe

d) The pronoun is always placed between the subject and the verb, as the following list demonstrates:

me, m'	je m'installe
te, t'	tu t'installes
se, s'	il s'installe
	ils s'installent
nous	nous nous installons
vous	vous vous installez

Pronominal verbs can also be constructed with a preposition: see the two tables above as well as examples (8) and (15) of the table found on page 264.

e) The order of direct and indirect object pronouns when several pronouns appear in a sentence, the order is:

			pronom 1	+	pronom 2		
			me te nous vous		le, la, l', les	+	verbe
(1)	SUJET	+					
			m' t' s' l', les nous vous		en, y + verbe		
	Exemples: Je *vous les* donne						
	Il *s'en* occupe						

(2)	SUJET	+	le la les	lui, leur + verbe	
	Exemple: Je *les lui* donne				

(3)	SUJET	+	lui leur	en + verbe	
	Exemple: Je *lui en* donne				

260

REMARK: With imperative verbs in the affirmative, the pronouns *le, la, les* follow the verb:

Achète-le moi

The pronoun *en* is placed after the verb + pronoun:

Achète-m'en
Occupez-vous en

2. Relative pronouns (les pronoms relatifs)

Sujet		QUI: La banque prête aux jeunes qui s'installent tournure présentative: c'est... qui...
Complément d'objet	Construction directe	QUE: le film que tu veux. tournure présentative: c'est... que...

	Construction avec de	DONT
		● nom¹ + de + nom²: le salaire *des* ouvriers
		                Les ouvriers *dont* le salaire est bas.
		
		● verbe + de: s'occuper *de*
		                Les enfants *dont* je m'occupe
		
		tournure présentative: c'est... dont...

	Construction avec à	A QUI verbe + *à quelqu'un:* téléphoner *à* Marie Marie, *à qui* j'ai téléphoné... tournure présentation: c'est... à qui...
Complément de lieu ou de temps		OÙ: Il y a des magasins *où* vous trouverez des tissus. C'est le mois *où* tout le monde est en vacances.

REMARKS:
● To choose the correct relative pronoun, the verbal construction must be understood: see table page 263 and the "Dictionnaire des Verbes" page 266 and following.
● It is sometimes desirable to avoid the relative construction, especially with *qui* (which is often overused) or if another relative clause is obligatory in the sentence.

The relative construction with *qui* can be avoided by using:

a) *The present participle* (le participe présent):

On vous donnera tous les renseignements *concernant* votre horaire (VII, 3). "Concernant" = qui concerne.

b) *The past participle* (le participe passé):

Les chiffres indiqués ne comprennent pas seulement les frais médicaux (X, 4). "Indiqués" = qui sont indiqués.

c) Apposition (apposition):

D'autre part, le président de la République, *actuellement en vacances,* doit rentrer à Paris pour assister au Conseil des ministres de mercredi (IX, 3) [actuellement en vacances = qui est actuellement en vacances].

d) A prepositional group (groupe prépositionnel):

Nous avons un appartement *de* deux pièces (III, 1) [de deux pièces = qui a deux pièces].

(3) Use of personal and relative object pronouns
(emploi des pronoms personnels et relatifs compléments d'objet)

The choice of pronouns depends on three factors:

a) verbal construction:
— direct: voir un film

— indirect with
à: parler à Pierre
de: parler de Pierre
another preposition: jouer avec Evelyne

— infinitive
direct: pouvoir partir
indirect: renoncer à partir, décider de partir

b) the distinction between:
— human: penser à quelqu'un
— non-human: penser à quelque chose

c) the form of the verb:
— non-pronominal: garer la voiture
— pronominal: se garer.

A Table of Verb/Pronoun Relationships (Tableau des correspondances verbes → pronoms) is found on page 263. This table is followed by a "Dictionnaire des Verbes": each number corresponds to an example from the chart which indicates which pronouns can be used.

Examples:

accepter

| 1. → | accepter quelque chose | → | le, la, l' les | QUE |

Ils n'ont pas accepté mon chèque
↳ Ils ne *l*'ont pas accepté
Montre-moi le chèque *qu*'ils n'ont pas accepté.

| 1. → | accepter quelqu'un | → | me, te le, la, l' les nous, vous | QUE |

On accepte les enfants s'ils ont plus de dix ans
↳ On les accepte s'ils ont plus de dix ans
Les enfants que nous acceptons doivent avoir plus de dix ans.

| 7. → | accepter quelque chose de quelqu'un | → | de moi, de toi de lui, d'elle d'eux, d'elles de nous, de vous | DONT |

Il n'accepte aucun conseil *de moi.*
Je ne suis pas la personne *dont* il accepte les conseils.

10. →   accepter + infinitif   → $\boxed{\text{le}}$

Est-ce qu'elle accepte d'aller chez eux?
— Non, elle ne *l*'accepte pas.

se plaindre

4. →   se plaindre à quelqu'un   →

à moi, à toi à lui, à elle à eux, à elles à nous, à vous	A QUI

Va te plaindre au directeur.
↳   Va te plaindre *à lui.*
        C'est la seule personne *à qui* tu dois te plaindre.

8. →   se plaindre de quelqu'un   →

de moi, de toi de lui, d'elle d'eux, d'elles de nous, de vous	DONT

Est-ce que les élèves se plaignent du professeur de math?
↳   Est-ce que les élèves se plaignent *de lui?*
        Est-ce que c'est un professeur *dont* les élèves se plaignent?

8. →   se plaindre de quelque chose   → | en | DONT |

Tout le monde se plaint de cette agence de voyages.
↳   Tout le monde s'*en* plaint.
        C'est une agence *dont* tout le monde se plaint.

14. →   se plaindre + infinitif   → $\boxed{\text{en}}$

Est-ce qu'il se plaint de travailler le dimanche?
— Oh, oui, il s'*en* plaint...

TABLE OF VERB/PRONOUN RELATIONSHIPS
(tableau des correspondances verbes → pronoms)

		PRONOMS COMPLÉMENTS D'OBJET	PRONOMS RELATIFS
CONSTRUCTION DIRECTE	quelqu'un	me, te, le, la, l', + VB les, nous, vous	QUE
(1) VOIR	quelque chose	le, la, l', les + VB	

VERBE + **PRÉPOSITION À**		
(2) PARLER À quelqu'un (1 seul type de complément)	me, te lui, + VB leur, nous, vous	À QUI
(3) quelqu'un PENSER À	VB + à moi, à toi, à lui, à elle, à eux, à elles, à nous, à vous	À QUI
quelque chose (2 types de complément)	Y + VB	(formes présentées dans Intercodes 2)
(4) quelqu'un FORME PRONOMINALE	VB + à moi, à toi, à lui, à elle, à eux, à elles, à nous, à vous,	À QUI
quelque chose (2 types de complément)	y + VB	(formes présentées dans Intercodes 2)
(5) VB + à un endroit (complément de lieu)	y + VB	OÙ
(6) CONSTRUCTION INFINITIVE obliger (quelqu'un) à économiser	(l')y obliger	(formes présentées dans Intercodes 2)

VERBE + **PRÉPOSITION DE**		
(7) quelqu'un PARLER DE	VB + de moi, de toi, de lui, d'elle, d'eux, d'elles, de nous, de vous	DONT
quelque chose (2 types de complément)	en + VB	
(8) quelqu'un FORME PRONOMINALE	VB + de moi, de toi, de lui, d'elle, d'eux, d'elles, de nous, de vous	DONT
quelque chose (2 types de complément)	en + VB	
(9) VB + d'un endroit (complément de lieu)	en + VB	D'OÙ
CONSTRUCTION INFINITIVE **(10)** décider de partir **(11)** avoir envie de partir **(12)** persuader (quelqu'un) de partir **(13)** permettre (à quelqu'un) de partir **(14)** se plaindre (à quelqu'un) de...	*le* décider *en* avoir envie (l')*en* persuader *le* (lui) permettre s'*en* plaindre *à*...	(formes présentées dans Intercodes 2)

VERBE + AUTRES PRÉPOSITIONS			
	quelqu'un	moi, toi, lui, elle, VB + prép + nous, vous, eux, elles	prép. + QUI
(15) JOUER AVEC	quelque chose	quelque chose	(formes présentées dans Intercodes 2)

REMARKS CONCERNING THE TABLE OF VERBS → PRONOUNS:

1. Direct constructions. Ex.: Voir quelque chose

Personal object pronouns which can be used: *le, la, l', les*

Tu ne manges pas la soupe? Tu ne *la* manges pas?
But *en* is used to replace the partitive + noun
Tu manges de la soupe? Tu *en* manges?

2. Infinitive constructions

— In the Table, examples (6), (10), (11), (12), (13), (14) show that the infinitive can be replaced by a pronoun:

- if the verb is constructed with the preposition *à*, the infinitive is replaced by the pronoun *y* (the corresponding relative pronoun will be studied in *Intercodes II*).

- if the verb is constructed with the preposition *de*, the infinitive is replaced by the pronouns *en* or *le* accordingly (the corresponding relative pronouns will be studied in *Intercodes II*).

Examples :

(10)

verbe + de + infinitif → le + verbe

Qui a décidé d'aller dans cet hôtel?
— C'est lui qui *l'*a décidé.

(11)

verbe "avoir" + nom } + de + infinitif → en + verbe
verbe "être" + adjectif

Il a envie de partir à l'étranger?
— Oui, il *en* a très envie.

(12)

verbe (quelqu'un) + de + infinitif → (l') en + verbe

J'ai persuadé Marie de rester.
— Ah? Tu *l'en* as vraiment persuadé?

(13)

verbe (à quelqu'un) + de + infinitif → *le* (lui) + verbe

Tu permets à Béatrice de sortir seule?
— Non, je ne *le* lui permets pas.

(14)

verbe pronominal (à quelqu'un) + de + infinitif → s'en + verbe

Est-ce qu'il se plaint de travailler trop?
— Oui, il s'en plaint beaucoup.

— It is important to note that not *all* infinitive constructions can be replaced by a pronoun. These cases are indicated in the *Dictionnaire des verbes* in the following way:

> préférer: + inf.
> être facile: à + inf.
> essayer: de + inf.

which indicate the following sentence constructions:

> Il préfère jouer
> C'est facile à faire.
> J'essaie de comprendre.

3. Constructions with *que:*

— when a verb falls into the categories of examples (10, (11), (14) [verb + de + inf.] and can also be constructed with *que* (mentioned in the *Dictionnaire*),

- *de + infinitif* is used if the verb and the infinitive govern the same subject:
  > J'ai envie de partir.
  > Je vous promets de venir.
  > Il se plaint de travailler trop.

- *que + verbe* is used when the two verbs have different subjects:
  > Je vous promets qu'il viendra.

— when a verb falls into the categories of examples (12), and (13) [verb + de + inf.], the infinitive form is used:

> Il me demande de partir.
> Je veux persuader Pierre d'y aller.

VERB DICTIONARY
(Dictionnaire des verbes)

The following "Dictionnaire" lists both the verbs and verbal expressions (ex. être + adjective; avoir + noun) found in *Intercodes*. In addition, the constructions are given within the context of their meaning in those texts.
The purpose of the Dictionnaire des Verbes is twofol:
- to accurately choose personal and relative object pronouns
- to provide a rapid review of the verbs studied and to provide access to the large number of other possible constructions using these verbs.

KEY TO THE "DICTIONNAIRE":

- The numbers refer to the different examples in the "Table verb/pronouns" p. 263. If the verb has more than two constructions, the combinations are given:
  > conseiller: 1, 2 (à qn), 13 (de + inf.)
  > combinations: 1 (qch) + 2 (à qn)
  > 2 (à qn) + 13 (de + inf.).

- Constructions with prepositions other than *à* and *de,* as well as impersonal expressions are given.

- Possible pronominal constructions are also provided:
  > appeler   apercevoir   occuper
  > s'appeler   s'apercevoir   s'occuper

- When constructions are not preceded by a number (ex: + inf, à + inf, que) it means that these constructions are possible, but that they *cannot* be replaced by a pronoun:

   examples: aimer: 1 + inf.

   aimer qch, aimer qn, aimer lire

hésiter: à + inf.

   hésiter à partir

être pressé: de + inf.

   être pressé de partir

penser que

   penser qu'il va pleuvoir.

A

accélérer
accepter: 1, 7 (de qn), 10 (de + inf.) /
combinaison: 1 (qch) — 7 (de qn)
acheter: 1 (qch), 2 (à qn)
adresser: 1 (qch), 2 (à qn) / s'adresser: 4 (à qn)
aider: 1 (qn), 6 (à + inf.)
aimer: 1, + inf.
ajouter: 1, que
aller: 5, + inf.
s'apercevoir: que
appeler: 1 (qn) / s'appeler
arrêter: 1, de + inf. / s'arrêter: de + inf.
arriver: 5, 6 (à + inf.), 9 (qch) / arrive: 2 (à qn)
assister: 3 (qch)
attendre: 1
atterrir: 5
augmenter: 1 (qch) / augmenter de + quantité
avoir: 1 (qch)
avoir l'avantage: de + inf.
avoir besoin: 7, 11 (de + inf.)
avoir envie: 7 (de qch), 11 (de + inf.)
avoir l'intention: 11 (de + inf.)
avoir lieu: 5
avoir du mal: à + inf.

B

baisser: 1 (qch) / baisser de + quantité
boire: 1 (qch)
boucher: 1 (qch)

C

calculer: 1 (qch)
causer: 1 (qch), 2 (à qn)
changer: 1 (qch)
chanter: 1 (qch), 2 (à qn)
chercher: 1, à + inf.
choisir: 1, de + inf.
circuler: 5
commencer: 1 (qch), à + inf.

comparer: 1
comprendre: 1
compter: 1 (qch)
concerner: 1
conduire: 1, 5
conduire qn à un endroit = emmener
connaître: 1
conseiller: 1, 2 (à qn), 13 (de + inf.)
combinaisons: 1 (qch) — 2 (à qn)
                    2 (à qn) — 13 (de + inf.)
consommer: 1 (qch)
constater: 1 (qch), que
continuer: 1 (qch), à + inf.
convenir: 2 (à qn)
couper: 1 (qch)
coûter: 2 (à qn)
croire: 1, que
croiser: 1 / se croiser
cuire, faire cuire: 1 (qch)
cultiver: 1 (qch)

D

décider: 1 (qch), 10 (de + inf.), que
décoller
demander: 1, 2 (à qn), 13 (de + inf.)
combinaisons: 1 (qch) — 2 (à qn)
                    2 (à qn) — 13 (de + inf.)
déménager
dépasser: 1
dépenser: 1 (qch)
déposer: 1, 5
désirer: 1 (qch), + inf.
dessiner: 1 (qch), 2 (à qn)
devoir: + inf.
diminuer: 1 (qch)
dire: 1 (qch), 2 (à qn), 13 (de + inf.), que
combinaisons: 1 (qch) — 2 (à qn)
                    2 (à qn) — 13 (de + inf.)
                    2 (à qn) — que
discuter: 7 / discuter avec qn
distraire: 1 (qn) / se distraire
donner: 1 (qch), 2 (à qn)
dormir

E

éclater
écouter: 1
emmener: 1 (qn), 5
employer: 1, à + inf.
emprunter: 1 (qch), 2 (à qn)
énerver: 1 (qn) / s'énerver
entrer: 5
éplucher: 1 (qch)
espérer: 1 (qch), + inf., que
essayer: 1 (qch), de + inf.
être
être à l'aise: 5
être capable: 11 (de + inf.)
être content: 7, 11 (de + inf.)
être facile/difficile (qn, qch)
être facile/difficile: à + inf.
(il impers.) être facile/difficile: de + inf.
être favorable: 3
être fatigué: de + inf.
être obligé: de + inf.
être persuadé: 12 (de + inf.), que
être pressé: de + inf.
être prêt: à + inf.
être satisfait: 7, 11 (de + inf.)
être sûr: 7, 11 (de + inf.), que
éviter: 1, 2 (à qn), 10 (de + inf.)
combinaisons: 1 (qch) — 2 (à qn)
             2 (à qn) — 10 (de + inf.)
examiner: 1
expédier: 1 (qch)
expliquer: 1 (qch), 2 (à qn), que
combinaisons: 1 (qch) — 2 (à qn)
             2 (à qn) — que
exporter: 1 (qch)

F

fabriquer: 1 (qch)
faire: 1 (qch), + inf.
faire du tort: 2 (à qn)
faire la queue
falloir/il faut: + inf.
freiner
fumer: 1 (qch)

G

gagner: 1 (qch)
garder: 1
garer: 1 (qch) / se garer
gaspiller: 1 (qch)
grandir
griller / faire griller: 1 (qch)
grossir / grossir de + quantité

H

habiter: 5
hésiter: à + inf.

I

importer: 1 (qch)
indiquer: 1 (qch), 2 (à qn), que
combinaisons: 1 (qch) — 2 (à qn)
             2 (à qn) — que

inscrire: 1, 5 / s'inscrire: 5
installer: 1, 5 / s'installer: 5
interdire: 1 (qch), 2 (à qn), 13 (de + inf.)
combinaisons: 1 (qch) — 2 (à qn)
             2 (à qn) — 13 (de + inf.)
interroger: 1 (qn) / interroger qn sur
interviewer: 1 (qn) / interviewer qn sur
inviter: 1 (qn), 6 (à + inf.)

J

jouer: 3 (à qch), 7 (de qch) / jouer avec qn, qch

L

laver: 1
limiter: 1 (qch)
louer: 1 (qch), 2 (à qn)

M

maigrir / maigrir de + quantité
manger: 1 (qch)
manquer: 7 (de qch)
marcher
mélanger: 1 (qch)
mettre: 1 (qch) / se mettre: 1 (qch)
se mettre en colère
montrer 1, 2 (à qn), que
combinaisons: 1 (qch) — 2 (à qn)
             2 (à qn) — que
mourir

N

nettoyer: 1 (qch)
noter: 1 (qch), que

O

obliger: 1 (qn), 6 (à + inf.)
obtenir: 1 (qch), 7 (de qn)
occuper: 1 (qch) / s'occuper: 7, 14 (de + inf.)
oublier: 1, 10 (de + inf.), que

P

paraître + adjectif: 2 (à qn)
il paraît que
parler: 1 (qch), 2 (à qn), 7
combinaisons: 7 (de qch) — 2 (à qn)
partir: 5, 9
passer: 1 (qch)

payer: 1, 2 (à qn)
combinaisons: 1 (qch) — 2 (à qn)
penser: + inf., 3, 6 (à + inf.), que
permettre: 1 (qch), 2 (à qn), 13 (de + inf.)
combinaisons: 1 (qch) — 2 (à qn)
　　　　　　　2 (à qn) — 13 (de + inf.)
persuader: 1 (qn), 7 (de qch), 12 (de + inf.)
combinaisons: 1 (qn) — 7 (de qch)
　　　　　　　1 (qn) — 12 (de + inf.)
être persuadé que
peser: 1 (qch) / se peser
plaindre: 1 (qn)
se plaindre: 4 (à qn), 8, 14 (de + inf.)
combinaisons: 8 (de qch) — 4 (à qn)
　　　　　　　4 (à qn) — 14 (de + inf.)
planter: 1 (qch)
pleuvoir
porter: 1 (qch)
poser: 1 (qch)
posséder: 1 (qch)
pousser: 1
pouvoir: + inf.
préciser: 1 (qch), 2 (à qn), que
combinaisons: 1 (qch) — 2 (à qn)
　　　　　　　2 (à qn) — que
préférer: 1, + inf.
prendre: 1 (qch), 2 (à qn)
préparer: 1 (qch), 2 (à qn)
présenter: 1 (qch), 2 (à qn)
prêter: 1 (qch), 2 (à qn)
prévoir: 1 (qch), que
profiter: 7 (de qch)
promettre: 1 (qch), 2 (à qn), 10 (de + inf.), que
combinaisons: 1 (qch) — 2 (à qn)
　　　　　　　2 (à qn) — 10 (de + inf.)
　　　　　　　2 (à qn) — que
proposer: 1 (qch), 2 (à qn), 10 (de + inf.)
combinaisons: 1 (qch) — 2 (à qn)
　　　　　　　2 (à qn) — 10 (de + inf.)
protéger: 1, 7 (de qch) / protéger qn contre
publier: 1 (qch)

Q

quitter: 1

R

ralentir
ramener: 1 (qn), 5, 9
rassurer: 1 (qn) / rassurer qn sur qch
se rassurer
recevoir: 1, 5
réclamer: 1
recommencer: 1 (qch), à + inf.
regarder: 1
regretter: 1, 10 (de + inf.)
rejoindre: 1, 5
remarquer: 1, que
rembourser: 1 (qch), 2 (à qn)
remplir: 1 (qch)

rencontrer: 1
rendre: 1 (qch), 2 (à qn)
rendre service: 2 (à qn)
rendre visite: 2 (à qn)
renoncer: 3, 6 (à + inf.)
rentrer: 1 (qch), de + lieu
rentrer à, dans + lieu
repasser: 1 (qch)
se reposer: 5
représenter: 1, 5
réserver: 1 (qch), 2 (à qn)
résoudre: 1 (qch)
respecter: 1
respirer: 1 (qch)
rester: 5
retourner: 5
réussir: 3 (à qch), 6 (à + inf.)
rêver: 7, 12 (de + inf.), que
risquer: de + inf.
rouler / rouler à 100 km/h

S

salir: 1
savoir: 1 (qch), + inf., que
sortir: 1 (qch), 9
surveiller: 1

T

téléphoner: 2 (à qn)
tenir: 1 (qch)
terminer: 1 (qch) / se terminer
tomber malade
tourner: 1 (qch)
tourner à droite / à gauche
transporter: 1, 5
travailler: 5
traverser: 1 (qch)
trouver: 1, 5, que
se trouver: 5 / se trouver sans argent

U

utiliser: 1 (qch)

V

valoir + quantité
valoir mieux / il vaut mieux: + inf.
varier: 1 (qch)
vendre: 1 (qch), 2 (à qn)
venir: 5, 9, de + inf.
vérifier: 1 (qch), que
verser: 1 (qch), 2 (à qn)
visiter: 1 (qch), 5
vivre: 5, 7 (de qch)
voir: 1, + inf., que
vouloir: 1 (qch), + inf.
voyager

4. Demonstrative pronouns (les pronoms démonstratifs)

Pronouns are used to avoid unnecessary repetition.

indéfini		CELA / CECI	CE, C' (C'est... ce n'est pas) ÇA (à l'oral seulement)
masc.	sing. plur.	CELUI, CELUI-CI/LA CEUX, CEUX-CI/LA	
fém.	sing. plur.	CELLE, CELLE-CI/LA CELLES, CELLES-CI/LA	

a) The following demonstrative pronouns can be used in combination with relative pronouns (cf. Relative pronouns, p. 261):

Ce livre, c'est *celui que* je préfère.
Ces enfants, ce sont *ceux dont* je m'occupe.
Ces voitures, ce sont *celles qui* se vendent le mieux.
Cette personne, c'est *celle à qui* j'ai donné mon passeport.
Cette île, c'est *celle où* je passe mes vacances.

b) Placed before a noun or proper name, they are followed by "de" + noun:

Cette voiture, c'est *celle du* directeur.
Ce livre, c'est *celui de* Pierre.
Ne prends pas mes cigarettes, prends *celles de* ton père.

c) When used alone (without a relative pronoun or preposition), -ci or -la are added in order to emphasize the "demonstrative" quality:

Vous prenez quel manteau?
— *Celui-ci* (celui-là), il est à un prix plus intéressant.

Vous n'avez pas d'autre appartement à me proposer?
Ceux-ci (ceux-là) sont trop chers!

Ces deux voitures sont très bien: *celle-ci* (celle-là) consomme un peu moins d'essence...

Ces places sont réservées mais vous pouvez prendre *celles-ci* (celles-là): elles sont libres.

VI. INTERROGATIVE CONSTRUCTIONS
(l'interrogation)

Several interrogative forms are possible, depending on the stylistic effect desired:
— Informal style (le style familier) is characterized by:

- A question mark in writing and a rising voice at the end of a spoken sentence:
  Tu veux du thé?

- The use of "est-ce que"
  Est-ce que tu veux du thé?

— Formal style (le style soutenu) is characterized by the inversion of subject pronoun and verb:
  Veux-tu du thé?

1. If the answer is limited to "oui", "si", or "non", 3 forms are possible:

informal style	Vous venez avec nous? Est-ce que vous venez avec nous?
formal style	Venez-vous avec nous?

In the case of inverted constructions, if the subject pronoun which follows the verb is *il(s)*, *elle(s)* or *on* a [t] is pronounced to mark the liaison between the verb and subject pronoun:

est-il, viennent-ils, prend-il, vend-on.

If the verb ends with a vowel, a "t" is added between the verb and *il* or *elle*:

partira-t-il, va-t-elle, cherche-t-on.

2. If the answer to a question is supposed to provide supplementary information, and is not simply limited to "oui", "si" or "non", then the question contains an interrogative word or expression:

● Questions about the subject (someone, something):

informal style	Qui est-ce qui garde Pierre?
formal style	Qui garde Pierre?

NOTE: *QUI* may be preceded by a preposition, according to the verbal construction:

Avec qui joues-tu? De qui parlez-vous?
Pour qui achète-t-elle ce pantalon?

● Questions about things

informal style	C'est quoi? Qu'est-ce que c'est?
formal style	Qu'est-ce?

● Questions about actions

informal style	Elle fait quoi? Qu'est-ce qu'elle fait?
formal style	Que fait-elle?

● Questions about circumstances (time, place, manner...). An interrogative word is used: où, comment, combien, pourquoi, quand, quelle:

informal style	● sujet + verbe + mot interrogatif Tu vas où? ● mot interrogatif + sujet + verbe Où tu vas? ● mot interrogatif + est-ce que + sujet + verbe Où est-ce que tu vas?
formal style	mot interrogatif + verbe + sujet Où vas-tu?

Part two

VERB TENSES AND MODES
(Modes et temps verbaux)

I. The PAST (l'expression du passé)

1. Morphology

a) Forming the compound past *(passé composé):*
The past participle of the verb is preceded by the auxiliaries ÊTRE or AVOIR, conjugated in the present:

> Nous *avons obtenu* un prêt.
> Il *est arrivé* hier soir.

— The *passé composé* with ÊTRE:

• ÊTRE is used as an auxiliary when the verb implies the notion of displacement (movement from one place to another), as in:

> arriver, partir, retourner, aller, venir, revenir, entrer, rentrer, sortir.

Examples:

> Je suis allé *au* cinéma.
> Ils sont partis *vers* la place.
> Nous sommes arrivés *ici* à 8 heures.

REMARK 1: The verb "rester", although implying the *absence* of displacement, can be followed by a complement of place and can therefore be included in this category of verbs:
Nous sommes restés *à* la maison.

REMARK 2: Certain verbs in the list above may take a direct object complement. In those cases, the auxiliary AVOIR is used. Note the different structures required in the English translations below:
Je *suis* rentré très tard à la maison.
I came back home very late.
J'*ai* rentré la voiture au garage.
I put the car back in the garage.
Il *est* sorti seul du restaurant.
He left the restaurant alone.
J'*ai* sorti tous les bagages de la voiture.
I took all the suitcases out of the car.

REMARK 3: We can generalize even further Remark 2 and say that all verbs of displacement which must be followed by a *direct object complement* can be conjugated with AVOIR:
J'ai ramené Béatrice chez elle.
I took Beatrice back home.
J'ai emmené Pierre à l'école.
I took Pierre to school.

• With pronominal verbs, ÊTRE is *always* used as an auxiliary:
Je me suis trouvé sans argent.
Il s'est occupé de ses réservations.

ATTENTION: The agreement of the past participle with the subject is required with all verbs in the *passé composé* conjugated with ÊTRE:
Il est sorti. *Ils* sont sortis.
Elle est sortie. *Elles* sont sorties.

— The *passé composé* with AVOIR:

- AVOIR is used as an auxiliary with *all* verbs in *Intercodes 1* which do *not* imply the notion of movement or displacement (that is, verbs constructed without a direct object complement) and which are not pronominal.

- The agreement with the past participle is made when the verb is preceded by the pronouns *le, la, l', les* + *que* and the pronouns *me, te, nous, vous* when they are direct object complements:

Ce sont les photos *que* j'ai pris*es* en Bretagne.

BUT:

Il *nous* a ramen*és* à la maison
(construction directe: ramener quelqu'un).

Il *nous* a téléphoné
(construction indirecte: téléphoner *à* quelqu'un).

b) Forming the recent past (le passé récent):
The recent past ("to have just done something") is formed with VENIR + DE + INFIN.

Je viens de manger.
I just ate (I have just eaten).
Nous venons d'arriver.
We (have) just arrived.

c) Forming the imperfect (l'imparfait):
The endings -ais, -ais, -ait, -aient, -ions, -iez are added to the stem of the first person plural (i. e. *nous*) of all verbs in the present tense:

(nous) AV(ons)	j'AVais tu AVais il, elle AVait ils, elles AVaient nous AVions vous AViez

2. The use of past tenses. The relationship between the "présent/imparfait" and the "passé composé/imparfait"

action dans le présent =	SITUATION présente	→	on emploie le présent
	Je pars à 7 h I'm leaving at 7:00		
action dans le passé	considérée comme un événement →		on emploie le passé composé
	Je suis parti à 7 h I left at 7:00		
	considérée comme une SITUATION →		on emploie l'imparfait
	Je partais à 7 h I would (used to) leave at 7:00		

It is therefore possible to show the relationship between.

a) A present SITUATION and a past event:

Je me trouve sans argent parce que *j'ai tout dépensé* pendant les vacances.
I don't have any more money (now) because I *spent* it all on my vacation.

b) A past SITUATION and a present SITUATION:

	SIT 1	SIT 2

SIT 1: Avant, je dépensais tout.
In the past, I would (used to) spend all my money.

SIT 2: Maintenant, je fais des économies.
Now, I am saving money.

c) A past SITUATION and a past event:

Il est revenu de vacances parce qu'*il n'avait plus d'argent*.

He came back from his vacation because he didn't have any more money.

The imperfect used in the above sentence (il n'avait plus d'argent) highlights the fact that one of the two actions presented is a situation (a sort of background) in which an action (a past event: il est revenu de vacances) occurs. We can demonstrate the intersection of these two actions in the following diagram:

IL N'AVAIT PLUS D'ARGENT
(situation)

Il est revenu (événement)

It is important to understand that the choice of either the passé composé or the imperfect in French is more dependent upon the *organization* and *relationship* of several actions occurring in the past rather than on some fixed grammatical rule. Thus, the *same* verb can be found in both the passé composé and the imperfect — but with a different meaning — depending upon the relationship and the context chosen for the actions. Compare the translations in the following examples:

Je *rentrais* quand le téléphone *a sonné*.
(I was coming in when the phone rang).

JE RENTRAIS

le téléphone a sonné

Je *suis rentré* parce que le téléphone *sonnait*.
(I came in because the phone was ringing).

LE TÉLÉPHONE SONNAIT

je suis rentré

Il *traversait* quand la voiture *a démarré*.
(He was crossing the street when the car started).

IL TRAVERSAIT

la voiture a démarré

La voiture *démarrait*, il *a traversé* quand même.
(The car was starting and he crossed the street anyway).

LA VOITURE DÉMARRAIT

il a traversé

In a narrative, several verbs can be in the "passé composé" or in the "imparfait", but the underlying notions outlined above, remain the same:

SITUATION

événement

Study closely the following résumé of a film:

Roger avait 29 ans. C'était le fils d'un paysan de l'Aveyron. Il ne voulait pas rester à la campagne. Un jour, il *a pris* le train pour aller à Paris. À Paris, il était seul. Il n'avait pas de travail. Il habitait une petite chambre. Puis, il *a trouvé* une place dans une usine de voitures.

Roger was 29 years old. He was the son of a peasant from the Aveyron. He didn't want to remain in the country. One day, he *took the train* for Paris. While in Paris, he was all alone. He was out of work. He was living in a small room. Then he *found* a job in a car factory.

II. The FUTURE (l'expression du futur)

The future tense is formed by adding the following endings to the verb stem:

-rai, -ras, -ra, -ront, -rons, -rez.
Cet été, je ne *partirai* pas en vacances.

The future tense can also be replaced by the present or the "futur proche" ("*aller*" + *infinitif* = going to do something).

● To suggest the certainty of a future action:

Cet été, je ne *pars* pas en vacances.
This summer I am not going away.

Cet été, je *vais me reposer.*
This summer, I am going to rest.

● To express the idea that an action is imminent:

Qu'est-ce que tu *fais* ce soir?
What are you doing tonight?

Attends, je *vais lui téléphoner.*
Wait a minute, I'm going to call him/her.

III. The CONDITIONAL (le conditionnel)

The conditional is formed with the following verb endings:

-rais, -rais, -rait, -raient, -rions, -riez.

The conditional is used

● to express politeness, or a wish, a desire:

J'aimerais, je voudrais...
(I *would like*, I *would prefer*, etc.)

These verbs are followed by the infinitive:

J'aimerais faire...

● to make a suggestion:

On pourrait..., on devrait...
(We *could*, we *should*)

These verbs are also followed by the infinitive:

Tu devrais t'en occuper.

IV. The IMPERATIVE (l'impératif)

There are *three* forms:
(tu)   Reste ici (without "s" for -er verbs)
(nous)   Restons ici
(vous)   Restez ici.

275

The imperative is used to give an order:

Reste ici.	Stay here.
Ne discutons pas de cela.	Let's not talk about it.
Occupe-toi du repas.	Take care of getting the meal ready.

It can also be replaced by the conditional in order to avoid making a harsh-sounding statement.

V. The PASSIVE (le passif)

The passive voice is formed with ÊTRE (conjugated in all tenses) + the past participle:

Les frais *sont* remboursés par l'assurance   (présent)
Expenses are covered by insurance.
Les frais *ont été* remboursés par l'assurance   (passé composé)
Expenses were covered by insurance.
Les frais *seront* remboursés par l'assurance   (futur)
Expenses will be covered by insurance.

The passive voice is used:

- to replace an impersonal construction with the indefinite pronoun "on".
  On n'indique pas le prix. → Le prix n'est pas indiqué.

- to emphasize the passive state of the subject appearing at the beginning of the sentence:
  Le professeur *a interrogé* tous les étudiants →
  Tous les étudiants ont été interrogés (par le professeur).

REMARK: "*par le...*" is only used when the agent needs to be specified. Compare:
La vitesse sera limitée à 110 km/h sur les autoroutes (we do not need to know who made this decision).
Ces tarifs vous sont proposés *par l'agence Transtourisme*. (Here, it is important to specify that a particular travel agency is offering these prices.)

VI. The GERUND and the PRESENT PARTICIPLE (le gérondif et le participe présent)

1. The GERUND is formed with *EN* + VERB FORM + *ANT*.

It can be used to show two actions performed simultaneously by the same person:
Quand vous sortez, vous prenez vos bagages.
Vous prenez vos bagages en sortant (VIII, 4).

The gerund also establishes several types of relationship within a sentence:
— *TIME:*
Ne buvez pas en mangeant. (IV, 2) [= quand vous mangez].
En attendant, ils continuent à prendre des contacts (IX, 3) [= pendant qu'ils attendent...]
— *CAUSALITY:*
Est-ce que vous ralentissez en pensant qu'il va traverser? (V, 4) [= parce que vous pensez...]

2. The PRESENT PARTICIPLE is formed with the VERB FORM + *ANT*.

It is used as a substitute for the relative construction with qui:
Voici tous les renseignements concernant votre horaire (VIII, 3) [= qui concernent...]

EXPRESSING THE DURATION OF TIME
(L'expression de la durée)

This table summarizes information contained in Annexes 22, 23 and 25.
(See Remarks which follow this table.)

I — *On indique la durée de l'action elle-même*				
		PASSÉ COMPOSÉ (accompli)	PRÉSENT (accomplissement)	FUTUR
PENDANT		(1) J'ai travaillé pendant 10 ans	On rembourse pendant 10 ans	On voyagera pendant 2 mois
EN		On a fait le voyage en 2 jours	On fait le voyage en 2 jours	On fera le voyage en 2 jours
II — *On indique la durée antérieure à l'action*				
DANS				On y sera dans 2 heures
III — *On indique la durée postérieure à l'action*				
IL Y A		On y est allé il y a dix ans		
DEPUIS ÇA FAIT QUE IL Y A... QUE	VERBES NON PERFECTIFS	forme affirmative		(2) On y va depuis 10 ans Ça fait 10 ans qu'on y va Il y a dix ans qu'on y va	
		forme négative	(4) On n'y est pas/plus allé depuis 10 ans Ça fait 10 ans qu'on n'y est pas/plus allé Il y a 10 ans qu'on n'y est pas/plus allé	(3) On n'y va pas/plus depuis 10 ans Ça fait 10 ans qu'on n'y va pas/plus Il y a 10 ans qu'on n'y va pas/plus	
	VERBES PERFECTIFS		(5) Il est sorti depuis 10 minutes Ça fait 10 minutes qu'il est sorti Il y a 10 minutes qu'il est sorti		

REMARKS

1. *DANS,* although usually used with the future, may also be used with the present in order to insist on the immediacy or rapidity of an action (cf. the Future, p. 275).

2. *IL Y A* is used to situate an action in a specific moment in the past:

a) when the action is considered as a one-time occurrence, the "passé composé" is used
- the verb is usually in the affirmative:

Je suis allé(e) à Malte il y a trois ans.

- at times, the verb can be in the negative:

Je ne suis pas allé(e) à Malte il y a trois ans, mais aux Caraïbes.

Here, the emphasis is placed on what *did not* occur and is opposed to what *did* occur.

b) When an action is considered as a situation, the imperfect is used:

- with a verb in the affirmative:

Il y a quelques années, on trouvait facilement du travail.

- with a verb in the negative:

Il y a trois ans, il n'y avait aucun supermarché dans cette ville.

3. *Depuis, ça fait... que, il y a... que* (which express the notion of duration prior to an action) can be used with either the present or the "passé composé" depending on whether the verb is

- perfective (i.e. expresses the completion, termination of an action)
- in the affirmative or negative forms

a) If the verb is perfective, then the "passé composé" is used in the affirmative [ex. (5)]:

Il est parti depuis 5 minutes seulement.
He left just five minutes ago.

(See also Annexe 25, page 26.)

b) If the verb is non-perfective (i.e. the action is *not* terminated)

- in the affirmative, *only* the present or the imperfect can be used [see REMARK below and ex. (2) of Table]:

Je cherche ce livre depuis plusieurs mois.
I have been looking for this book for several months (and I still have not found it; I am still looking for it).

On the other hand, to imply the fact that the book was found, one would say:

J'*ai cherché* ce livre *pendant* plusieurs mois (1)
I looked for this book for several months (and I finally found it).

- in the negative, there is a choice between the present and the passé composé (3) and (4):
  the present tense shows that the action is continuing up to the present moment:

  Je ne travaille plus depuis 2 ans.
  I haven't been working for two years.
  I've been out of work for two years — and I'm still out of work.

Whereas with the passé composé, the same situation is seen as a moment in the past:

  Je n'ai pas travaillé depuis 2 ans.
  The last time I worked was two years ago.

REMARK: The present is sometimes replaced by the imperfect in past narration:

Il *est* en vacances depuis 8 jours.
Il *était* en vacances depuis 8 jours (quand le télégramme annonçant la mort de sa mère est arrivé).

The passé composé is replaced by another tense: the pluperfect (le plus-que-parfait) [cf. Inter-codes 2]. The pluperfect situates one past action *before* another past action (which is usually in the passé composé). The pluperfect is formed with the auxiliary verbs AVOIR and ÊTRE conjugated in the imperfect and followed by the past participle. Example:

Il était parti depuis 10 minutes quand je suis arrivé.
He had been gone for 10 mn when I arrived.

Part three

ORGANIZING AND DEVELOPING WRITTEN
and spoken discourse

All languages contain various lexical items + stylistic techniques which allow for the production of rich and precise expression.

Although quite easily grasped when learning a new language, it is often quite difficult for students to get accustomed to *reusing* these devices when they themselves must produce a text.

Nonetheless, they serve several important purposes: the constructing of complex sentences; the linking of ideas in a paragraph or in a complete text; the precise detailing and highlighting of events or circumstances, etc.

This section of the *Reference Grammar* groups together these linguistic techniques in order to show students the variety of expressions at their disposal when producing a text and to develop an awareness of the stylistic techniques used in the French texts which are read.

I. ELEMENTS WHICH MARK RELATIONSHIP (les éléments de relation)

These linguistic forms govern the *presentation* and *linking* of information in a sentence, paragraph or text. The expressions which follow are all taken from *Intercodes 1* and are classed according to their function in those texts.

1. Addition (Addition)

a) To add information in a sentence:
— *énumeration* (énumération)

Mélangez la pomme, la viande. le jambon et les haricots (IV, 3).

> **REMARK:** Some types of enumeration can be followed by *etc.* to show that the list is not complete: (médicaments, séjours dans les hôpitaux, etc.)

— *coordination* (coordination)

Roger rencontre des ouvriers français *et* étrangers (II, 3).

ou, ou bien

Mais les appartements sont chers, *ou* ils ne sont pas confortables: il n'y a pas d'ascenseur, *ou* pas de garage *ou bien* il y a des réparations à faire (III, 2).

b) To emphasize additional information:
— et: *Et* votre jardin! Vous avez regardé... (IX, 1).
— aussi (I, 3), et aussi, mais aussi,
— encore (VI, 3), et encore,
— également (VIII, 2), et également,
— même (VIII, 3), et même,
— puis (IX, 1), et puis,
— surtout,
— comme: *Comme* tenue de campagne, achetez-lui... (X, 3).

c) To announce additional information
— Et voici maintenant... (V, 1).
  Parlons maintenant de... (VI, 1).
— D'autre part, ... (VI, 1).
— En ce qui concerne... (X, 4).
— Un autre avantage... (VIII, 4).

d) To organize the presentation of several pieces of information
— (D'abord...) Ensuite... Enfin... (X, 4).
— Premièrement... Deuxièmement... Enfin...

2. Parallel structures (parallélisme)

— Certains... D'autres (IX, 2).
— Pour certains... Il y en a d'autres qui... (IX, 4).
— L'un..., l'autre... (l'une..., l'autre...; les un(e)s..., les autres...) [X, 1].

3. Opposition/Restriction/Concession
(Opposition/Restriction/Concession):

Although there are numerous ways of opposing two elements, two pieces of information or two ideas, the underlying notion of opposition can be divided along the following lines:
— complete opposition

Je n'habite pas à Paris *mais* en banlieue.

— restriction (restriction) (the marker used implies negation)

Il a un bon salaire *et pourtant,* il se plaint tout le temps.

— concession (concession) (the marker used implies a positive idea)

Il gagne peu d'argent *et pourtant,* il fait des économies.

The same markers, then, can indicate both restriction or concession, depending on the other semantic elements in the sentence.

a) opposition (opposition)
— *negation*
pas

Pour vous, votre voiture, c'est peut-être un souci. *Pas* pour moi (VI, 3).

sans

Elle permet de passer des vacances en famille *sans* dépenser trop d'argent (VII, 2).

— *mais...*; oui, mais...; non, mais...
— *sinon* (VII, 3).
— *par contre* (VI, 3).
— *plutôt.*

Évitez les tartines de pain avec du beurre. Prenez *plutôt* une pomme (IV, 2).

— *dans... pour le moment...*

Dans quatre heures, nous serons à Dinan.
— *Pour le moment,* je respire de la fumée (V, 2).

— *l'an dernier... Cette année...* (X, 1).

b) restriction (restriction)
— seulement

Le soir, *seulement* des légumes (IV, 4).

— ne... que

Il *ne* mange *que* des légumes.

c) restriction or concession (restriction ou concession)
— mais... évidemment...

Vous y trouverez même quelquefois une piscine ou une plage privée. *Mais* ce sont *évidemment* les hôtels les plus chers (VIII, 3) = restriction.

— bien sûr (restriction)... mais (concession)...

> *Bien sûr,* il y a des problèmes. *Mais* les conditions de travail sont quand même bonnes (VI, 1).

— quand même

> (Il fait mauvais). On va *quand même* en Bretagne? (V, 2) = concession.

— et

> La télévision a prévu du beau temps pour demain.
> La semaine dernière aussi, *et* il a fait mauvais... (V, 2) = restriction.

— (et) pourtant

> 60 % des personnes interrogées pensent qu'il faut limiter la vitesse sur les routes. *Et pourtant,* les Français ne respectent pas les limitations de vitesse (VII, 4) = restriction.

— toutefois

> L'État va donc demander un impôt supplémentaire aux Français. *Toutefois,* ceux dont les salaires sont les plus bas ne paieront pas cet impôt (IX, 4) = concession.

— or

> Nous espérons qu'elle sera versée rapidement aux agriculteurs. *Or* le ministre de l'Agriculture a parlé d'un délai de 45 jours (IX, 4) = restriction.

— heureusement (concession)

> ... les agriculteurs ont du mal en ce moment... *Heureusement* on a bien vendu nos cochons (IX, 1).

— malheureusement (restriction)

> ... la hausse des salaires peut d'abord avoir des conséquences positives sur l'économie... *Malheureusement,* pour augmenter les salaires, les entreprises sont obligées d'augmenter aussi le prix de leurs produits (X, 2).

4. Déduction (déduction)

— alors

> Tu prends la voiture. Bon, *alors* moi, je prends le métro (I, 4).

— donc (VI, 2),
— et

> Les transports sont longs *et* beaucoup de jeunes préfèrent habiter à Paris (III, 2).

5. Explanation/precision (explication/précision)

— en effet (VI, 1),
— par exemple (II, 4),
— surtout.

> Les récoltes de fruits... ont beaucoup diminué... *surtout* dans l'Aquitaine, le Languedoc et le Roussillon (IX, 1).

— et

> Certains sont obligés d'emprunter de l'argent *et* les remboursements sont élevés (IX, 2).

— comme

> Il y a aussi ceux qui ont perdu leur emploi après plusieurs années de travail, *comme* Rolande (XI, 4).

— les parenthèses ( )

> Elle n'est pas grande (3,50 m de long) [VI, 3].

— les deux points:

Nous avons interrogé environ 800 conducteurs sur les problèmes de sécurité: 70 % d'entre eux sont favorables à la ceinture de sécurité (VII, 4).

6. Cause (cause)

— parce que (II, 4).

REMARK: It is not always necessary to use *parce que*. In this case, two separate sentences are made, and the causal notion is implied:

Oh! Je n'ai pas envie de conduire aujourd'hui. Il y a trop de voitures (V, 4).

- car (VI, 2)
- à cause de + nom (IX, 1).

REMARK: *à cause de* can be replaced by:

- causer

Les gelées du printemps ont *causé* de graves dégâts (IX, 1) [= il y a eu de graves dégâts à cause des gelées du printemps).

- pour

La police a arrêté 5 000 conducteurs *pour* excès de vitesse (VII, 4).

- avec

Oh! Pour nous, c'est plutôt une mauvaise année...
Avec les gelées du printemps... (IX, 1).

- grâce à

... *grâce aux* petites voitures, ces pays peuvent en effet diminuer leurs importations (VI, 2).

REMARK: *grâce à* can be replaced by:

- pour

Malte est connue *pour* ses objets en or (VIII, 3).

- avec

Avec ce livre, vous ferez certainement des économies (X, 1).

7. Condition (condition)

— si (III, 4).

8. End result or finality (but ou finalité)

— pour + infinitif (II, 3).

9. Comparison (comparaison)

— comme

Aujourd'hui, il pleut, *comme* hier.

— par rapport à

Les récoltes de fruits et de certains légumes ont beaucoup diminué *par rapport à* l'an dernier (IX, 1; texte: Les gelées du printemps).

10. Time (temps)

Time relationship markers are found p. 277.

II. SPACE (la détermination spatiale)

1. The use of prepositions

— à: s'arrêter *à* Paris, vivre *à* l'étranger, voir un film *à* la télévision,
— de: partir *de* Paris, venir *de* l'étranger, rentrer *de* vacances,
— en: habiter *en* banlieue, conduire *en* ville, voyager *en* première classe.

— dans: *dans* tous les aéroports, *dans* ce catalogue, *dans* la région de Bayonne, *dans* le nord du pays, *dans* votre fauteuil habituel,
— pour: Il y a plusieurs vols quotidiens *pour* toutes les grandes villes du monde,
— vers: *vers* tous les coins de l'île,
— sur: *sur* la route, *sur* chaque vol, *sur* la côte du sud-ouest,
— chez: *chez* lui.

To indicate motion, from one place to another
— de... à...: *De* Paris *à* Lyon, il y a 450 kilomètres,
— de... vers...: Ils vous emmèneront *de* Kingsgate *vers* tous les coins de l'île (VIII, 3),
— jusqu'à: J'ai pris le train *jusqu'à* Dinan.

2. Prepositional expressions (locutions prépositionnelles)

— (tout) près (de), à côté (de) ≠ = à gauche (de),
— à l'entrée (de) = ≠ à la sortie (de),
— à l'intérieur (de) = ≠ à l'extérieur (de),
— au départ (de) = ≠ à l'arrivée (à).

3. Adverbs (adverbes)

— ici: Elle vient *ici* à 7 heures.
— là: Le train est déjà *là*.
— là-bas: J'ai des amis *là-bas*.
— partout: L'anglais est employé *partout*.
— devant = ≠ derrière: Je n'aime pas rouler *devant/derrière* un camion.

4. Pronouns (pronoms)

— où: Il y a beaucoup de magasins *où* vous trouverez des tissus...
— y: Vous *y* trouverez également la liste des hôtels (y = dans ce catalogue).

5. Lexical markers (lexique)

— l'endroit (VIII, 2), l'endroit où (VIII, 1),
— les coins (VIII, 3).

> **REMARK:** Spatial markers are often placed at the beginning of a sentence:
> *À Paris,* il est seul (II, 2).
> *Sur l'autoroute de l'Ouest,* les voitures roulent à 20 km/h (V, 2).
>
> This procedure
> - avoids beginning a sentence by simply using a subject followed by a verb;
> - allows the indications of space/place to be put at the beginning of the sentence;
> - allows supplementary information to be given at the end of the sentence, after the subject-verb group:
>
> *Dans tous les aéroports,* on vous reçoit avec le sourire *et* on vous donne tous les renseignements *que* vous souhaitez (VIII, 4).
> (See further examples in the text cited, parts 2, 3, 4.)

III. TIME (la détermination temporelle)

1. Point of time (indication du moment)

a) with an article
— le 20 août, le 20 du mois (X, 1),
— le soir, le matin, l'après-midi; la nuit, le jour; le dimanche.

> **REMARK:** in the examples above, *le* may be replaced by *chaque* or *tous les, toutes les.*
> — un jour (II, 2).

b) with a preposition
— à: *à* midi, *au* printemps,
— de: le mois *d'*août, les gelées *du* printemps, 11 heures *du* soir, le Conseil des Ministres *de* mercredi (IX, 3),
— en: *en* août, *en* été, *en* 1974;

c) with prepositional expressions
— à la fin (de) (VII, 1),
— à l'issue (de) (IX, 4),
— au début (de),
— au commencement (de).

2. Inception and termination
— de .. à...: *Du* 15 mai *au* 30 octobre...
— entre ... et ...: ... *entre* le 28 juin *et* le 27 août (VII, 2),
— à partir de: *à partir du* 1er janvier (IX, 2),
— jusqu'à: aller *jusqu'à* la fin de l'hiver (IX, 2),
— jusque-là: ... ne pourront pas attendre *jusque-là* (IX, 4).
— *commencer à (IX, 3),*
— *continuer à (IX, 3).*

3. Generalized time markers (adverbs)
— quelquefois (VIII, 3),
— souvent (VI, 4),
— encore (VIII, 1),
— toujours (III, 2),
— longtemps (VII, 1),
— déjà (VII, 1),
— d'habitude (VI, 4).

4. Duration
— pendant: Il a fait mauvais *pendant* tout le week-end (V, 1).

REMARK: *pendant,* within a sentence, is sometimes omitted:
On travaille 9 h 1/2 par jour (IX, 1).

Pendant can sometimes be replaced by *pour* when the action involved is not yet accomplished:
Je pars *pour* deux jours seulement.

— de: la semaine *de* 40 heures (VI, 1), un délai *de* 45 jours (IX, 4),
— en, dans, il y a, depuis, ça fait... que, il y a ... que,
— lexical markers:

Mettre deux heures *pour* + infinitif.
Il faut deux heures *pour* + infinitif.

5. Situating an action in time

dans le passé	dans le présent	dans le futur
hier la semaine dernière le mois dernier l'année dernière l'an dernier	aujourd'hui cette semaine ce mois-ci cette année	demain la semaine prochaine le mois prochain l'année prochaine l'an prochain
avant Il y a + durée	actuellement maintenant pour le moment en ce moment	après dans + durée

6. Temporal relationships: anteriority, posteriority, simultaneity

Action 1	ANTÉRIEURE À	Action 2
Je téléphonerai avant de partir (action 1) (action 2)		

— d'abord: Téléphone *d'abord* à la banque,
— avant: *Avant*, donnez-moi votre nom,
— avant + nom.

   Avant les grands départs, nous avons interrogé environ 800 conducteurs (VII, 4),

— avant de + infinitif

   Avant de partir, n'oubliez pas de vous inscrire à Europ-assistance (VIII, 1),

— avant d'avoir/d'être + participe passé

   Ne partez pas *avant de m'avoir laissé* votre adresse.
   J'ai attendu une heure *avant d'être reçu* par M. Debas.

Action 2	POSTÉRIEURE À	Action 1
Je te téléphonerai après avoir téléphoné à Pierre (action 2) (action 1)		

— après: Aide-moi, *après* tu joueras,
— après + nom:

   Je la ramène chez elle *après* le film.

— après avoir/être + participe passé,

   Après avoir passé l'épreuve théorique, vous devez passer l'épreuve pratique.

Actions SIMULTANÉES: Action 1 et Action 2 ont lieu EN MÊME TEMPS
Ne lui parle pas *quand* il est en colère

— quand: Est-ce que vous accélérez *quand* une voiture essaie de vous dépasser? (V, 4).
— pendant + nom

   Un télégramme peut arriver *pendant* votre absence (VIII, 1),

— pendant que

   Tu nettoies la maison *pendant que* je fais les courses, s'il te plaît.

— en + participe présent

   Ne buvez pas *en* mange*ant* (IV, 2),

— aussitôt
   tout de suite
   immédiatement

   Quand on parle de budget, on pense *aussitôt* aux longues discussions de l'Assemblée nationale (X, 1).

7. Lexical markers

— attendre (II, 1), l'attente (VII, 3),
— heures (II, 1), l'horaire (VII, 3),
— long (III, 2),
— avance

> payer deux mois *d'avance* (III, 2),
> acheter son billet *à l'avance* (VII, 3),
> être *en avance* = ≠ être *en retard* (VII, 3),

— moment (V, 2),
— délai (IX, 4).

REMARK : Time markers are often placed at the beginning of a sentence :

En attendant, ils continuent à prendre des contacts avec les différents ministres (IX, 3).
Depuis hier, 13 millions de Français ont pris la route des vacances (VII, 4).

This procedure
— avoids beginning a sentence by simply using a subject followed by a verb,
— allows the time marker to be highlighted immediately at the beginning of the sentence,
— allows supplementary information to be given after the subject/verb group :

À l'issue du conseil des ministres, le ministre de l'Agriculture a donné des précisions sur les sommes *que* les agriculteurs recevront de l'État... (IX, 4).

IV. MODIFIERS (les modificateurs)

Modifiers are used to add information or furnish details about nouns or verbs :

1. There are three noun modifiers

a) the prepositional group (NOUN 1 + DE + NOUN 2)

> Une usine *de* voitures.

See note 9 page 255.

b) the adjective (l'adjectif) :

> C'est un *grand* appartement.
> Nous avons visité des endroits *intéressants.*
> Pendant l'épreuve *pratique,* le candidat doit conduire une voiture.

c) the relative construction (la construction relative)

> Les arbres *que* votre père a plantés l'an dernier (IX, 1).
> Les ouvriers *dont* les salaires sont les plus bas ne paieront pas cet impôt (IX, 4).

Further explanations concerning relative constructions are found p. 261.

2. The verb modifiers are

a) the prepositional group (le groupe prépositionnel):

> Nous arriverons *en retard.*

b) the adverbs of time, place, manner, quantity:

> Au cinéma, on voit *bien* l'écran.
> En ce moment, il travaille *beaucoup.*
> Vous pourrez vous garer *facilement.*
> Nous y allons *souvent.*

REMARK : Adverbs often provide information concerning verbs only.

c) the relational elements between two clauses which mark cause, consequence, condition, end results, comparison (cf. p. 257), and time (cf. p. 277).

Il a échoué *parce qu'*il était malade.
Il a pris le train *pour* aller à Paris.
Nous avons roulé *pendant* 5 heures.

3. Adverbs as modifiers

The adverbs
— très (absolute value),
— trop (value greater than the norm)
may be used

- before an adjective

    Leur appartement est *très/trop* grand.

- before another adverb

    Nous avons visité Paris *très/trop* rapidement.

Attention : très and trop are not always interchangeable. The logic of the sentence must be taken into consideration. Example : *Vous pourrez vous garer trop facilement (*too* easily) is *not* a possible construction.

V. THE NOMINAL FORM TO REPLACE A VERB (La nominalisation)

The nominal form is used to repeat information previously given and avoids the repetition of the same word twice in the same paragraph :

Si vous avez beaucoup d'affaires, vous pouvez *louer* un petit camion. La *location* coûte 90 F par jour, plus 2 F par kilomètre (III, 4).

60 % des personnes interrogées pensent qu'il faut *limiter* la vitesse sur les routes. Et pourtant, les Français ne respectent pas les *limitations* de vitesse (VII, 4).

The nominal form is often preceded by "le", "cet", "ces", "cette", in order to reinforce the fact that repetition is occurring:

D'après les derniers chiffres de l'INSEE, les prix ont *augmenté* de 0,90 % en août. *Cette hausse* est causée en grande partie par l'*augmentation* des tarifs du gaz et de l'électricité (X, 2).

REMARK: In the last example, the nominal form of *augmenter* is *augmentation*. In order to avoid repeating this word twice in the same paragraph, the synonym *hausse* was used first.

List of verb-noun forms (liste des correspondances verbes-noms)

aider - aide (fém.)
arriver - arrivée (fém.)
attendre - attente (fém.)
augmenter - augmentation (fém.), hausse (fém.)
baisser - baisse (fém.) (voir aussi diminuer)
avoir besoin de - besoin (masc.)
choisir - choix (masc.)
circuler - circulation (fém.)
compter - compte (masc.)
conseiller - conseil (masc.)
consommer - consommation (fém.)
cultiver - culture (fém.)
décider - décision (fém.)
déménager - déménagement (masc.)
dépenser - dépense (fém.)
diminuer - diminution (fém.) (voir aussi baisser)
discuter - discussion (fém.)
employer - emploi (masc.)

entrer - entrée (fém.)
examiner - examen (masc.)
expliquer - explication (fém.)
s'installer - installation (fém.)
gagner... par mois - salaire (masc.)
limiter - limitation (fém.)
lire - lecture (fém.)
louer - location (fém.)
partir - départ (masc.)
préciser - précision (fém.)
rembourser - remboursement (masc.)
répondre - réponse (fém.)
sortir - sortie (fém.)
transporter - transport (masc.)
travailler - travail (masc.)
visiter - visite (fém.)
voyager - voyage (masc.)

Imprimerie ALTAMIRA, S. A. - MADRID.
Septembre 1984. - Dépôt légal 1984-3°. - N° de série Éditeur 12306.
Imprimé en ESPAGNE *(Printed in Spain)*. - 800260 Septembre 1984.